すべての小中学校に「学校作業療法室」

飛騨市の挑戦 未来を照らす

監修　塩津 裕康
編著　大嶋 伸雄・都竹 淳也
　　　都竹 信也・青木 陽子
　　　山口 清明・奥津 光佳

クリエイツかもがわ

Prologue
プロローグ

はーーーっはっはっは

私は作戦マン！

みんなの"悩み"をきかせてくれ！
みんなの"やりたい"を教えてくれ！

うまくいかないときは
作戦をたてなおすのさ

作戦マン1号
ブルー
奥津光佳OT

作戦マン3号
レッド
下出尚弘校長

いっしょに作戦を考えよう
ひとりひとりの方法を
生み出そう

子どもも大人も関係ない
作戦をぐるぐる回して
失敗を心から楽しみながら
みんなの"できる"を増やそうよ

作戦マンパープル
塩津裕康OT

作戦マンピンク
山口静香ST

作戦マン2号
ベンガラ
山口清明OT

子どもも先生も

おとうさんもおかあさんも

まちのひとたちも

Prologue

作戦マンイエロー
青木陽子センター長

作戦会議でこのまちをつくろう

作戦会議で世界を変えよう

作戦マンスカイ
都竹淳也市長

作業療法士が通常学級の生徒たちと教室でワークをしている場面①

「先生にビームを当てよう！」

先生の話を集中して聞くためのポーズをみんなと練習中。おしゃべりが大好きな女の子も、キョロキョロソワソワしている男の子もビームを当てるポーズをとる中で、自然と先生に注意が向くようになっていきます。

→このエピソードについては65ページへ

作業療法士が通常学級の生徒たちとワークをしている場面②

「勉強の前の準備体操」

ドキドキハァハァと呼吸が乱れていると、授業に落ち着いて取り組みづらくなります。
授業の前には生徒たちと深呼吸で息を整え、集中するための準備体操をしています。

→このエピソードについては67ページへ

作業療法士が通級の生徒と CO-OP アプローチをしている場面

「グラフを上手に書けるようになりたい」

算数の課題で、定規を使って上手にグラフを書けるようになりたい男の子と作業療法士が作戦会議をしています。どうしたら上手に書けるようになるか、いろいろな文房具を試し、自分だけの作戦を模索中。

→ CO-OP アプローチについては59ページへ

CONTENTS

Prologue 「やあ！ 作戦マン」 ... 2

Part 1 飛騨市での学校作業療法室の導入
――行政、教育、医療・福祉の連携実践の試み ... 12
飛騨市市民福祉部次長兼総合福祉課課長　都竹信也

1　飛騨市の概要 ... 12
2　飛騨市の子どもや生きづらさのある人の成長・発達等支援 ... 14
3　飛騨市地域生活安心支援センター「ふらっと」――成人期から老年期まで（幼少期の継続も含め）全世代を貫く支援 ... 22
4　見えてきた「飛騨市の子ども支援の視点」 ... 28
5　行政職の役割 ... 29
6　飛騨市の学校作業療法室の到達点と今後の展開 ... 30
7　学校作業療法室への予算づけの考え方 ... 32

Part 2 ふらっと相談から学校作業療法室までの道
――教育と福祉の連携 ... 39
飛騨市市民福祉部総合福祉課地域生活安心支援センター
「ふらっと」センター長　青木陽子

1　発達支援センターから「ふらっと」へ ... 39
2　増加した小学校・中学校の相談 ... 41
3　「ふらっと」の相談室から学校現場へ――第1の壁 ... 43
4　学校を混乱させてしまった――第2の壁 ... 46
5　訪問する作業療法士から学校に常駐する作業療法士へ――第3の壁 ... 48
6　「ふらっと」での相談事例から――不登校相談と家庭支援 ... 50
7　学校との連携をすすめるために ... 52

8	作業療法のパワーを実感する	53
9	学校作業療法士を当たり前の存在にしたい	57

Part 3　日本初！ 学校作業療法室
特定非営利活動法人はびりす・作業療法士　奥津光佳　　58
中部大学・作業療法士　塩津裕康

1	「学校作業療法室」を支える手法──CO-OPアプローチ™	59
2	学校作業療法室で生まれた物語	65
3	学校作業療法室の基盤となる理論	72
4	つながる学校作業療法室	77
5	学校作業療法室のむかう未来	84
6	作戦マンが見ている風景	85

Part 4　飛騨市まるごと作業療法室
特定非営利活動法人はびりす代表理事・作業療法士　山口清明　　87

1	つみほろぼし	87
2	神話の構造「モノミス」	97
3	飛騨市の具体的な事例から（『発達の地図®』より）	103
4	人生をデザインする発達の地図	110
5	飛騨市まるごと作業療法室の実現	125

Part 5　社会作業療法（Social Occupational Therapy）の視点
大阪河﨑リハビリテーション大学大学院 教授　大嶋伸雄　　132

1	社会作業療法とはどんな意味でしょうか？	132
2	「ヒトはみな障がいをもっている」という思考から ──現代的ピア共生社会へ	140

| | 3 | 家庭と学校、そして社会へとつながるヒトの人生 | 144 |

Part 6　学校作業療法をやってみたいと思っている方へ
　　　　── 学校作業療法誕生の歩みと飛騨市「安心づくりの理念」　152
飛騨市長　都竹淳也

	1	本線が滞ればバイパスをつくる	152
	2	学校作業療法はすべての子どもたちのもの	155
	3	教師の負担減とOT人材の育成がポイント	158

Epilogue「複雑な生」　中部大学　塩津裕康　　　　　　　　　　　161

本文イラスト
山口静香（特定非営利活動法人はびりす理事・言語聴覚士）
ホンマヨウヘイ（studio hom.）

Part 1 飛騨市での学校作業療法室の導入
——行政、教育、医療・福祉の連携実践の試み

▶ 飛騨市市民福祉部次長
兼総合福祉課課長
都竹 信也
Shinya Tsuzuku

1 飛騨市の概要

　岐阜県飛騨市は2004（平成16）年、古川町、河合村、宮川村、神岡町の2町2村が合併して誕生しました。岐阜県の最北端にあって南は高山市に、西は白川村に、北は富山県富山市に、それぞれ隣接しています。

　飛騨市で毎年4月に開催される「古川祭」は、ユネスコの無形文化遺産に登録されています。また2人のノーベル物理学賞受賞者を輩出した研究施設「スーパーカミオカンデ」が、市内神

市の面積：792.53㎢
（全体の93%が森林）

岡町の旧神岡鉱山の地下にあります。さらに、アニメ映画『君の名は。』にはイメージとして飛騨市の各所が登場します。そのほか飛騨市は、プロ野球中日ドラゴンズの根尾昂選手や「令和」を揮毫した茂住菁邨さんらの出身地としても知られています。

　市の面積は792.53平方キロメートルです。その約93％が森林で、冬は豪雪地帯です。人口は2万1,844人、高齢化率40.48％（いずれも2024年6月28日現在）で、日本の少子高齢化の30年後の姿が、この飛騨市にはすでに現れています。都竹淳也飛騨市長は、これを「人口減少先進地」として、逆に市政の施策実践のモチベーションとしています。

■ 人口減少先進地：加速する人口減少・高齢化

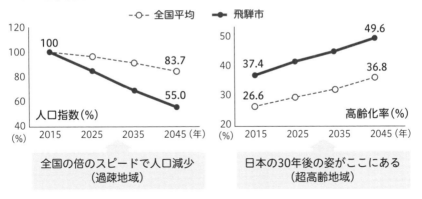

出典：総務省「国勢調査及び国立社会保障・人口問題研究所 将来推計人口」、
　　　「住民基本台帳に基づく人口、人口動態及び世帯数」

　子どもの数は3,000人ほどで、人口の約13％です。おおむね保育園に500人、小学校に1,000人、中学校に500人という状況で、発達特性の強い子どもがいても担当部署で全員の顔を把握できる規模です。

■ 飛騨市の人口規模　　　　　　　（2024.6.28現在）

年代区分			人数（人）	
子ども世代	0～3歳	4年	乳幼児期	403	2,828 （3千人） 13%
	4～6歳	3年	就園期	383	
	7～12歳	6年	小学期	979	
	13～15歳	3年	中学期	521	
	16～18歳	3年	高校期	542	
就労世代	19～24歳	6年	青年期	897	10,173 （10千人） 47%
	25～59歳	35年	実年期	7,759	
	60～64歳	5年		1,517	
老年世代	65～69歳	5年	老年期	1,489	8,843 （9千人） 40%
	70～74歳	5年		1,869	
	75～84歳	10年		3,369	
	85歳以上			2,116	
	合計			21,844	

内）外国人209人、8695世帯

＞ 子どもは人口の13％＝少子化

人口統計ピラミッド

■ 飛騨市内の保育園・小中学校入園者・児童生徒数　　　　（2024.4.1現在）

保育園（7か所）	未満児				以上児クラス年齢			合計
		0歳	1歳	2歳	3歳	4歳	5歳	
	158	14	53	91	335	105	116	114	493

	児童・生徒数							
		1年	2年	3年	4年	5年	6年	支援級
小学校（7か所）	954	148	134	149	148	164	146	65
中学校（4か所）	510	171	155	158	—	—	—	26

※小学校・中学校：支援学校（1か所）含む

発達特性の強いお子さんも、市で把握できる範囲の母数

❷ 飛騨市の子どもや生きづらさのある人の成長・発達等支援

　飛騨市では、子育てや教育、福祉を重視しています。その際にこだわるのは「専門的」ということです。そのポイントは次の2点です。

1. 心身および社会面の特性を専門的な視点でとらえながら必要な支援の見立てを行ってアプローチしていくこと
2. 医療系・福祉系専門家が随時きちんと関われる支援体制をつくること

医療系・福祉系専門家は特に重視しています。ここではこの「専門的」「専門家」をキーワードにして、飛騨市の取り組みを俯瞰的に紹介します。

(1) 産前産後期――助産師との連携

　まず、産前産後期です。ここでの専門家は助産師です。飛騨市には産科の医療機関がありません。頼れる医療資源は助産師です。妊娠中から出産後の親の精神的・肉体的な安定を支援することで、親と赤ちゃんとの愛着形成を支えています。

　2023年度に、電話とSNSで365日24時間つながる「My助産師制度」を立ち上げました。その名も「わたしの助産師さん　むすび」です。妊産婦の相談にいつでも何でも担当のMy助産師が対応し、非常に好評です。

　また、1歳までの子どもをもつママが集まって気軽に語り合える「にこにこルームまるん」を週2日定期開催しているほか、助産師が各地域に出向く「おでかけまるん」も行っています。

　こうした出産前後のママを支援する「飛騨市産前産後ママサポプロジェクト」は、2020年の「第9回健康寿命をのばそう！　アワード　母子保健分野自治体部門」で厚生労働大臣優秀賞を受賞しました。

■ 親の精神的・肉体的な安定を支援することで、赤ちゃんとの愛着形成を支える

「にこにこルームまるん」
飛騨市在住で、妊婦および1歳までの子どもがいる方はどなたでも参加できる。妊娠・出産・育児について、気軽に語り合い、飛騨地域の助産師に相談できる場。週2回開催。

「My助産師制度」
2023年9月にスタートした妊産婦を24時間サポートする「わたしの助産師さん むすび」。助産師が公式LINEと電話で寄り添い、悩みなどなんでも相談可能。

(2) 乳幼児期——保健師、作業療法士との連携

乳児期は2024年度から、群馬のスーパー保健師と呼ばれる町村純子保健師を飛騨市に迎え、「身体調和支援」という取り組みを展開しています。独自メソッドのマッサージや体操を通じて感覚を育み、バランスや筋肉の緊張を整え、感覚が入りやすい、動かしやすい、生活しやすい

町村純子氏を招いての身体調和支援

身体づくりを支援するものです。これまで見えていなかった視点もさまざまにあり、心強い取り組みとして飛騨市の支援体制にプラスとなっています。

また、この段階から作業療法士（OT）が介入しています。基本は療育保育士と保健師が中心になり、親の不安に寄り添いつつ、そこに作業療法士が入ることで、遊びながら子どもの強みを見つけ出し、親子の関係づくりを支援しています。

山口清明OTの乳児相談

　「乳児相談（7か月児）」では、作業療法士と療育保育士が親子と面談して、子どもの強みを見つけ出し、それを母親全員に返しています。お母さんの悩みなどもここでとらえることができます。

　「乳幼児遊びの広場（月1回）」では、作業療法士、療育保育士、保健師が参画し、子どもと遊びながら、継続的に母親の相談にのってアドバイスをしています。

　このように、乳幼児期から作業療法士が関わっているのが飛騨市の大きな特徴です。

（3）就園期──作業療法士との連携

　就園期も、作業療法士との連携が飛騨市の強みです。子どもの遊びを通じて、特性の見立てを行い、将来のなりたい姿を描いていきます。

　「専門家の市内の保育園巡回訪問」は作業療法士、療育保育士、保健師が参画し、現場の保育士の相談に応じて支援のあり方を指南するとともに、子どもの特性を見立ててその子に応じたアドバイスをしています。

　また「家庭相談員の保育園巡回」では、元保育園長だった家庭相談員

が各保育園での子どもの状況を園長とともに定期的に把握し、必要に応じて作業療法士に入ってもらうように調整し、子どもの見立てを実施しています。

このように就園期においても作業療法士が保育士のサポートをして、必要なときに子どもの見立てから対応まで専門的助言をしています。ここでも作業療法士の強みを現場に取り入れているのが大きな特徴です。

山口清明OTの保育所巡回

ここまで産前産後期から就園期は親子ともに不調になることを予防し、健康な学童期を送っていけるよう、予防のための重要な早期介入時期との位置づけも付加して取り組んでいます。

(4) 就学期──心身のことがわかる医療専門職による教育支援

① 飛騨市こどものこころクリニック

就学期は、特に重視しています。児童精神科「飛騨市こどものこころクリニック」は、市長が8年前に就任し、1年半ほどで全国で初めてとなる市直営の単科診療所として立ち上げました。児童精神科医2名、臨床心理士2名、看護師1名の体制で運営しています。

市長自身も、市長就任前の岐阜県職員時代に障がい児者医療推進室長を務め、特に児童精神科医の確保に力を注いでいました。そのことに関する思い入れが相当強かったところに児童精神科医との神がかり的な出会いがあり、飛騨市で直営のクリニックを立ち上げてもいいので、飛騨

市で児童精神科診療をやっていただけないかとラブコールを送った結果、医師に熱意が伝わって院長としてきてくださることになり、全国でも例のない自治体直営の児童精神科単科の診療所が実現しました。

　市長にも院長にも、児童精神科の治療目的はもともとソーシャルワークだという信念が強くあります。かつ、本来の役割は教育への側面的支援であり、行政がやるべき重要な医療だという理念の面でも、市長と院長の思いが一致していました。こうしてできた市直営児童精神科診療所を開所させると、診療をとりまく療育や学校との連携、相談受付など、その体制づくりの課題も明らかになりました。これも必然的に順次、整えていく流れとなり、市の発達支援体制充実の大きな契機となりました。

　この児童精神科クリニックの治療の中心は、システムズアプローチです。子どもへの直接的な治療、トラウマ治療もされますが、それ以上に子どもを取りまく周りの環境を変えていく介入に力点を置いた治療を行っています。院長は「学校は、子どもが育っていく生活のなかで、最も大きな影響を与える環境」と指摘しています。やはり、学校の環境をどう変えていくのかが非常に大きなポイントだということです。

■ こどものこころクリニックの治療アプローチイメージ

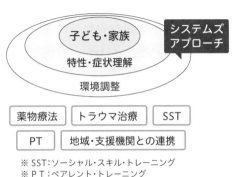

② 医療・福祉系セラピスト集団との協働──NPO法人はびりす

　もう一つ、飛騨市にとって大きな出来事だったのは、岐阜県南西部・西濃地域の大垣市を本拠に多機能型通所支援事業所を展開していたNPO法人はびりすを誘致したことです。はびりすは、作業療法士、言語聴覚士、理学療法士、公認心理師、看護師、保育士と、さまざまな医療福祉の専門職が揃っているセラピスト集団です。

　ここも市長が、代表理事で作業療法士の山口清明さんに「飛騨市での子育て、教育、福祉の分野で力を貸してほしい」と依頼して招きました。はびりすは、飛騨市に根づいてさまざまな施策に関わり、学校作業療法室をつくるところまできています。

　学校作業療法室は、子どもが学校や普段の生活で困っていることを自分で解決していくための作戦を作業療法士が一緒になって立てて実践し、作戦の見直しなども行いながら自ら解決できる力を得られるように支援しています。また、集団支援として自分や友達の個性を知る多様性理解の授業や、子どもたちの関係性をよりよいものにするための環境調整支援も行います。そして、教員や保護者支援として、子どもの専門的な見立てによる対応方法を提示するとともに、家庭内の困難にも対応しています。学校と家庭の連携サポートも行っており、学校で起きていることにトータルに関わっています。

　教員はもともと勉強を教えるプロであり、子どもたちの心身や社会性を支援するプロではありません。そこに作業療法士が入ることによって、教員の負担が大きく軽減されるとともに、子どもも専門性の高い支援を受けることができて、非常に合理的です。さらに学校作業療法室は、発達特性にフォーカスしているように見えて、すべての子どもに関われるところに深い意味があり、そこが非常にすばらしい点だと思っています。

(5) 思春期——医療専門職による生徒が自分自身をきちんと理解する支援

　中学校までは市教育委員会の管轄ですから市として連携がとりやすいのですが、高校は県など市の管轄外となっていくため、介入が円滑にできないところがあります。しかし、卒業すれば社会に出ていく時期ですから、高校生へどうアプローチしていくのかは、飛騨市の課題になっていました。

　また、私たちの総合福祉課で社会に出ていろいろつらいことがあって行き詰まってしまった人たちの相談にのっていると、やはり社会に出るタイミングで自己特性の理解を深め、自分自身がどんな強みや弱さ、感覚特性をもっているかなど、自身を客観的に把握するメタ認知ができていれば、このような自分に合わない環境に飛び込み、苦しむこともなかったのではないかと思えるケースが数多くありました。

　大人になる前の段階で、身体面（バイオ）だけでなく、心理的・精神的状態（サイコ）や社会性の状況（ソーシャル）も含めた「バイオ（BIO）・サイコ（PSYCHO）・ソーシャル（SOCIAL）」の視点で自身の健康状態を確認し、自分自身の特性のメタ認知を明確にしておくことが重要だという思いに至っていたこともあり、取り組みが薄かったこの思春期の分野に新たに手を入れたいと考えていました。

　そこで、「飛騨市地域生活安心支援センター『ふらっと』」（詳細次節）の取り組みとして、ふらっとで教員OBを学校連携支援員として配置し、定期的に高校へ巡回

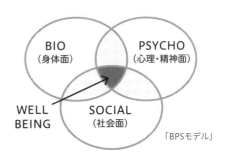

「BPSモデル」

訪問し、生きづらさのある生徒の情報を得て、必要な生徒について作業療法士による専門介入も実施していますが、体制的な確立まで至っておらず、今後の課題となっていました。

　そのような中、2024年度からは「思春期健診」を、飛騨市をモデルフィールドとして検証実施することになりました。国の研究班で健診の内容が組みあげられている思春期健診の社会実装化検証で、医師が1人の子ども全体をじっくり見て話を聞くという全国初の試みです。

　折しも、国で思春期健診を研究していた精神科医・小児科医の阪下和美医師が飛騨に赴任されるということをうかがい、市の顧問医師として委嘱できたことで実現しました。

　学校健診はバイオ面だけになりがちですが、「思春期健診」はサイコとソーシャル面も含め全体を見るものです。思春期の自己特性のメタ認知という課題へのアプローチとしても、この思春期健診を通じて有益な策を見いだしていけたらと思います。

　そして、これを契機に思春期分野の支援の充実につなげていきたいと考えています。

3　飛騨市地域生活安心支援センター「ふらっと」
―― 成人期から老年期まで（幼少期の継続も含め）
　　全世代を貫く支援

(1) 地域生活安心支援センター「ふらっと」への歩み

　飛騨市では2021年度、地域生活安心支援センター「ふらっと」を立ち

上げました。ウェルビーイング（Well-being）の考え方にもとづき、成人期から老年期まで市民の成長、発達、人生のすべての過程に関わる困りごとを、どんなことでも受けとめ、各専門機関との連携で支援をすすめる組織です。これは国が最近、全国自治体に課している、いわゆる重層的支援の組織にあたるものですが、飛騨市では国の補助ではなく市独自の施策として行っています。

「ふらっと」は総合福祉課内にあります。誰でもどんな相談でも断らず受けとめる要の部署です。何で困っているのかわからない人は、とにかく「ふらっと」に来てもらい、じっくり話を聞いて問題をひも解き、関係する部署や専門家と連携してきちんとした支援をしていきます。

「ふらっと」は発達支援センターを母体にして、その機能を強化していった結果、至った部署です。かつての発達支援センターは、センター長を事務方の課長が兼務し、事務方の係長がいて、療育の経験のある保育士が相談員という、いわば形だけに近い体制でした。市長が就任したとき、「形だけつくって、看板掲げ、専門的なバックのないなかで対応している状態では弱い」と、専門性をもった体制に変えることになりました。

退職した岐阜県の児童相談所の前所長を専任のセンター長として任用し、発達支援センターの強化が始まりました。組織を改編するなかで、発達支援センターは全世代が対象だということを大きく位置づけ、いまの「ふらっと」の組織に変えました。

■ 地域生活安心支援センター「ふらっと」略年表

2017年	専任の発達支援センター長配置（県児童相談所の所長退職者を任用） 学校訪問相談員（教員OB）配置
2018年	学校訪問相談員（教員OB）増員 保育所等訪問支援たっち開始 ふりーすぺーす（生きづらさを抱える人の居場所）開設。理学療法士（PT）による学校授業教室による体幹の弱い子への支援介入を実施
2019年	作業療法士（OT）を配置し、専門相談を開始→生活への適応性をよくするOT相談会等 公認心理師、看護師を配置 「放課後等デイサービスきゃっち」開設（通級児等を対象としたOTによる読み書き支援）
2020年	OTによる専門相談を核にした「総合相談窓口」を設置
2021年	地域生活安心支援センター「ふらっと」を市組織の単独課として設置 ・障がい福祉の基幹相談支援センターとしての機能も合わせもつ ・全世代、また障がいに限らず生きづらさを抱える人、悩める支援機関等に対してもOT等による「専門相談」を強みとしたセンターとして始動
2022年	総合福祉課を新設し、その課内室として「ふらっと」を再設置 ・生活困窮などを担当する社会福祉係と区分けのない対応を可能にし、急迫対応も一元化により迅速化 ・訪問相談員を配置し、アウトリーチを開始する
2023年	「ふらっと」の出先、アウトリーチ拠点として「ふらっと+」を設置 ・障がい者グループホームを核にした多機能型の地域生活支援拠点として、市で新規開設した多機能型障がい者支援センター内に「ふらっと+」の事務所を開設。地域生活支援拠点機能を軌道にのせる活動、アウトリーチ活動を本格化 ・支援手法の開発の概念を立てて支援ラボ事業を開始

（2）専門家が支える飛騨市の特徴的体制

　飛騨市役所の市民福祉部は、総合福祉課、地域包括ケア課、市民保健課、子育て応援課の四つの課が担っています。一つのフロアに全課が揃っていて、多職種のいろいろな分野の連携が事務所内ですぐにとれます。なかでも総合的な支援部署「総合福祉課」を設け、そこに医療系の専門家の力をしっかり入れる体制を構築してきました。

現場では専門家に深く関わっていただきながら相談支援を行っていく中で、支援者のあり方についても明確に感じることがあります。相談者の話を傾聴する部分はいいのですが、指南、支援をする際に気をつけたいポイントが以下の3点です。

> ・支援者は知ったかぶりをしない（専門家でも自分の専門分野を超えたことは詳しくわからないはず）
> ・支援者個人の経験や価値観だけでクライエントを勝手に見立てない
> ・「私はよくわかっている」というプライドを捨て、わからないことは専門家に頼る

　現場で最初に対応する相談支援者は、これを心得ておく必要があると思っています。わかっていないのに知ったかぶりで支援をしてしまうと、結局はアプローチできていないのと同じで、様子見しているだけとなり、最悪の結果を招きます。

　自分は何もわかっていないと自覚すると、自然と頼りたい人がたくさん出てきます。これは古代ギリシャの哲学者ソクラテスのいう「無知の知」です。「自分は何も知らない」ということを知ることが大事で、それを自覚してこそ多職種連携は生まれる、と私は最近感じています。

　こうしたことで「ふらっと」を市民のおおよそすべての困りごとを受けとめ、対応する市の相談支援体制の要とし、ここをさまざまな医療系専門家がいわば顧問的集団としてバックアップしています。これが飛騨市の特徴的な体制です。その顧問的集団は、「はびりす」、こどものこころクリニック、飛騨市民病院の小児科医、またふらっとの顧問医師や顧問看護師、そして助産師らです。

■ 市民福祉部のあるハートピア古川

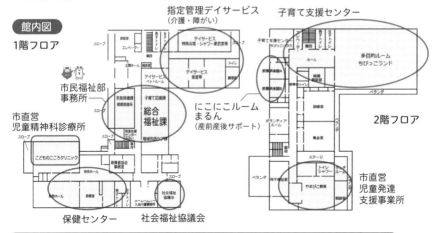

| すべての困りごとを
受けとめる相談支援機関 | 飛騨市地域生活安心支援センター「ふらっと」 |

専門家が支える《飛騨市の特徴的体制》

バックには医療系の専門家、「ふらっと」の専門性を支えている顧問的集団

①市独自の専門相談対応委託事業者(市費)
　NPO法人はびりす(作業療法士・言語聴覚士・理学療法士・公認心理師)
②市直営診療所職員の兼務体制(市費)
　こどものこころクリニック(児童精神科医、臨床心理士、看護師)
③市直営病院職員との連携体制(市病院企業会計費)
　飛騨市民病院(小児科医)
④市非常勤特別職員としてのふらっと顧問(市費)
　顧問医師(精神科医・小児科医)／顧問看護師(元訪問看護師、元急性期病院病棟看護部長)
⑤市委託のマイ助産師制度対応助産師(市費)
　「私の助産師さん むすび」(助産師)

> 医療専門家に福祉職とともに福祉支援を考えたり、対応する時間を割いていただく。

(3) 大きい作業療法士の力

　これらの専門家のなかでも特に、作業療法士の力が非常に大きいと実践から感じています。作業療法士は心身機能の専門家であるとともに、生活と社会面に着目するセラピストとして、クライエントの心身機能に

関わり、当事者の乗り越えられない困難にもいっしょに寄り添い、自ら乗り越える力を引き出すとともに、当事者をとりまく周りの調整や行動に対しても専門的助言ができます。ここが、作業療法士の職能のすばらしさだと思っています。

　ウェルビーイングは「バイオ・サイコ・ソーシャル」のなかにあり、この三つが整っていてこそ初めて満たされた状態になるということです。「ふらっと」は縦割りではありませんから、体のこと、心のこと、社会のことすべてについて相談を受けます。それに対して丸ごと助言できるのは作業療法士だけだと感じています。作業療法士はバイオもサイコもやっていて、さらにソーシャルにも関われる専門家です。したがって「ふらっと」にとって最もフィットした助言ができる専門家だと考えています。

　医師は当然ながら高い専門性を有しています。システムズアプローチでの環境調整は、診察に来てもらって面談をするなかで状況把握をして行うことが主となります。医師は「バイオ・サイコ・ソーシャル」のソーシャル部分が報酬体系からも直接扱いづらい部分となっています。医療の分野でも近年「社会的処方」ということをよく耳にするようになってきました。医療がソーシャル部分を扱いづらいことが裏づけられていると思います。

　作業療法士は現場に行って、その場で環境調整することが職能からも長けています。家庭でも職場や学校でも、どこにでも入っていけるのは強みです。これはすごい職能だと、私たちもともに取り組んでいく中で強く感じるところです。したがって作業療法士には、その職能を生かし働く場を病院などに限らず、もっと地域に出てきて、私たちを支えていただけるようになるとよいと思っています。

■ 飛騨市の作業療法士のとらえ方

「作業療法士」は、心身機能の専門家でありながら、生活に着目したセラピストであり、心身機能にかかわる困難、各自が望む生活に対する困難を超えられるよう周りの調整や本人への心身機能・行動への支援を行う点で、まさに「バイオ・サイコ・ソーシャル」に1人でトータルにかかわれる専門家。
　生きづらさや生活のしづらさを抱える人や家族を世代によらず丸ごと受けとめて、関係性も複雑な困りごとに対して相談支援を行っている。「ふらっと」にとって最もフィットした助言をいただける視野の広い専門家。

環境調整・システムズアプローチ：子どものうちから自分の特性を知り、特性とともに生きるための作戦を立て、対応策を身につける。周りの環境にもフォーカスし、自分にとって必要な環境とは何かを知っていくことがとても大切。

- 児童精神科医：クライエントの環境調整が治療の本丸（システムズアプローチ）
　　　　　　　→診察室での家族、学校などの環境調整指南
- 作 業 療 法 士：クライエントの生活現場での全体の見立てからの支援が本丸
　　　　　　　→家庭、学校、職場どこでも入っていき、現場で指南

❹ 見えてきた「飛騨市の子ども支援の視点」

　作業療法士が関わる「ふらっと」の取り組みを通じて、飛騨市役所のなかにも変化が出てきました。

　たとえば、世代を区切らず大人の支援にも対応しますが、その経験から子どもを見ると、子どもの生きづらさを目の前の時点だけで捉えなくなり、「その子の人生」という長い尺で捉えるようになってきました。これは大きな変化です。

　また、子どものいまの「困り感」だけではなく、将来どうやって幸せに暮らしていくのだろうかというイメージをもてるようになってきたのも、作業療法士との関わりがあってのことだと思っています。

　さらに、大人の支援をしているなかで、子どものときにどのような支

援があればつまずかずにすんだのか、あるいはここで自己特性のメタ認知ができていればつまずかなかっただろう、と感じることが本当にたくさんあります。そこを逆算できる視点を私たちがもてているのも、大きな変化だと思っています。

　このように、作業療法士が関わることで、どのようなケースも断ることなく捉えることができます。そしていま、職員もこの思考が身についてきて、職員だけでもかなりのレベルまで対応できるようになってきています。組織としても、とても成長したと思っています。

5　行政職の役割

　市役所の行政職は対人支援の知識をもっているわけではありません。直接市民の困りごとに適切な相談支援対応ができるのは現場の支援職です。現場の支援職が市民によりよい対応ができるようにするためには、スキルある専門家のバックアップ体制をつくる必要があります。そのため、行政職は市民のためにスキルある専門家を見つけて市内へ誘致し、その方が立ち回りやすいよう、その活躍フィールドを円滑にコーディネートしたり、整えたりしながら、専門家の確かな支援が市民に届くようにする黒衣の役割を果たすものと考えています。

　そのため、行政職の姿勢として、常に俯瞰的な視点で地域全体をみながら、市民に適切な形で専門家の質の高い確かな支援が届けられる体制づくりをすることを意識して取り組んでいます。

　専門家の方々だけで確かな支援スキルを地域に届くようにすることはなかなか容易ではありません。しかし行政は、この市全体を捉えた仕組

みづくりは長けています。お互いに協力しあえば、地域によい体制がつくれるものと思います。まさに専門家と行政がタッグを組んで「共創」していく心持ちが重要であると感じています。ここを先導していくのがまさに地域づくりを担う行政職員の役割であると考えています。

⑥ 飛騨市の学校作業療法室の到達点と今後の展開

　飛騨市の学校作業療法室は、現場の大変な苦労があってその実現まできましたが（Part2参照）、まだファーストステージが終わった段階です。①「やってみたい」から、②学校現場説明、③モデル校での実践を経て、いまは④市内全校の社会実装化が終了した段階です。これからセカンドステージに入るところです。

　セカンドステージは、この社会実装化の深化・定着です。そして大きな課題になってくるのが人材確保とその育成です。

　実装の深化から定着には、学校の先生だけでも回せるCO-OPアプローチ™（Part3参照）の定着と、作業療法士がフォローに入る頻度などを検証し、実践しながら定着を模索していきます。そのために欠かせない人材確保・育成を、同時並走しながら進めていきます。

　人材確保・育成のための方法として、経験ある作業療法士を全国公募し、1年間任期の市の会計年度任用職員として任用し受け入れるなどの対応を検討しているところです。これを毎年行うことで、作業療法士を毎年1名確保できることになると考えています。他地域から飛騨市というフィールドにきていただいて、学んでいただきながら飛騨市の学校作業療法士

■ 飛騨市の学校作業療法室物語

1st ステージ「社会実装化」 終了

やってみたい → モデル校実施 → 市内全校実装化　実装化にやっと到達

2st ステージ「定着化」

①実装の深化 → 定着　学校の先生だけでも回せるCO-OPアプローチの定着と作業療法士のフォローに入る頻度等を検証し、実践しながら定着を模索

同時並走

②人材確保・育成　課題。来年度やることを決めて予算を確保していく。

経験あるOTを全国公募し、1年間の任期の市職員等として研修受入。これを毎年回すことで＝学校作業療法士1名（約0.7名）確保。学校作業療法の全国普及にも飛騨市フィールドが貢献できる。

としての戦力にもなっていただく、この過程で取り組みのエッセンスを吸収していただき、元の地域に戻って展開をしていただく、こうした循環の仕組みができることで、本市としても学校作業療法の全国普及に貢献できると考えていますし、全国的ネットワークが実践的に拡がっていくと考えています。

　そのようななか、2024年6月13日付の中日新聞が一面トップで、この学校作業療法室の記事が掲載されました（その後、東京新聞にも一面トップ掲載、さらにジャパンタイムズにも掲載）。このことは、それだけこの取り組みに高い社会的評価が与えられたと考えています。公信性も非常に高まり、作業療法の価値を知らしめたという点でも、快挙であると思っています。

❼ 学校作業療法室への予算づけの考え方

(1) 医療・福祉は教育を側面的に支援する存在

　ここでも「バイオ・サイコ・ソーシャル」の考え方や位置づけが基本です。

　医療は、バイオとサイコの分野で治療や治すことにより、保険医療機関として公的報酬を得る仕組みです。制度上、福祉に協力してソーシャルに時間を割けば医療は収入が減る、というのが日本の現状と捉えています。

　福祉はソーシャルの分野で、治すのではなく相談者のウェルビーイングをめざして、その人がそのまま、その人らしく生きていけるよう支援するものです。必要なはずのバイオ・サイコとの連携・介入を入れたくても、医療側にはそこに報酬評価がなく収入にならないために、円滑に連携しづらい面があります。

　教育は、子どもたちのバイオ・サイコ・ソーシャルが整った土台の上でこそ、勉強を教えるプロとしての教員の力が発揮できます。この土台が崩れると円滑な教育ができなくなり、その土台に手入れが必要になります。しかしその手入れを教育側が行うのは、時間的にも職能的にも無理があります。

　これは、子どもの客観的な見立てや強みを評価できる医療・福祉の専門職が対応するのと違い、教員にとっては職能を超えた部分があり、大きな負担だと考えています。

　医療・福祉が教育を側面的に支援する存在だということは、不登校児対応について飛騨市の教育研究所がまとめた資料からもうかがえます。

飛騨市における不登校児の要因分析をみると、家庭要因と本人要因が非常に多く、学校要因は少ないことに加え、こうした要因については、学校の対応範囲や教員の対応スキルを超えたものになるため、「学校のみでは対応できない」「学校では介入できないケースが多い」と指摘されています。これは、不登校対応には「医療的視点」をもちながら「福祉的・社会的介入」の必要性が生じているということを教員側からの声からも

■ 飛騨市の不登校児の要因分析

「医療・福祉は教育を側面的に支援する存在である」を裏づける
不登校児対応での学校側からでた限界の声
▼

	学校要因		家庭要因		本人要因	
小学校	12%	※内、決まり等をめぐる問題7%	29%	※内、親子の関わり方20%	59%	※内、無気力・不安50%
中学校	30%	※内、学業不振14%	19%	※内、親子の関わり方10%	51%	※内、無気力・不安44%

声）● 本人特性や家庭状況が本人に与えている影響が大きい。
　　● 学校のみでは対応できない！学校では介入できないケースが多い！
→不登校対応には「医療的視点」ももちながら「福祉的、社会的な介入」の必要が生じているということ

■ 不登校児童生徒数の推移

年度	2011	2012	2013	2014	2015	2016	2017 発達支援センター強化	2018 こどものこころクリニックフル開設	2019 市直営放デイ開所	2020 山口OTに専門相談委託	2021 HIBILIS HIDA開所 成人の専門相談開始	2022 ふらっと開設	2023 学校作業療法モデル校実施 障がい福祉課を総合福祉課に改組	2024 学校作業療法全校実施
市内小学校(人)	3	3	2	1	3	4	4	5	11	12	14	15	14	
市内小/1000人	2.1	2.2	1.5	0.8	2.5	3.6	3.7	4.6	10.3	11.4	13.9	14.9	14.3	
全国小/1000人	3.3	3.1	3.6	3.9	4.2	4.7	5.4	7.0	8.3	10.0	13.0	17.0		
市内中学校(人)	7	7	12	15	21	14	12	15	10	20	23	26	21	
市内中/1000人	9.5	9.7	15.9	19.8	28.3	19.4	18.0	23.7	17.7	36.3	41.3	47.2	39.8	
全国中/1000人	26.4	25.6	26.9	27.6	28.3	30.1	32.5	36.5	39.4	40.9	50.0	59.8		

裏づけられています。

　また、飛騨市の不登校児の推移を見ると、コロナ禍になってから2倍くらいに急増しています。それ以前はまだ学校のなかで対処できる規模感だったのか、当時の障がい福祉課にもあまり相談がありませんでした。もっとも当時の福祉の窓口も障がいに特化した障がい福祉課でしたから、障がいではないということだったのかもしれません。医療につながっていくほうが多かったようです。

　しかし不登校児数が急増すると、さすがに学校だけでは対応が無理になり、「ふらっと」が障がいではなく総合相談になったことも相まってか、学校からの相談が増えていったのではないかと考察しています。こうしてコロナ禍を機に、学校が福祉を求める姿が増えていったように感じます。

　図は飛騨市の不登校対応の体制です。教育委員会の学校教育課はすべての不登校児童生徒を一元的に把握しています。校外の教育支援センターもありましたが、2024年度から校内教育支援センターも中規模小学・中

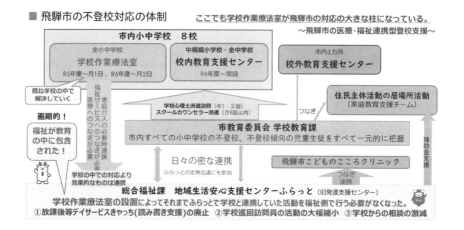

■ 飛騨市の不登校対応の体制

学校に設置されました。どこの自治体にもあるスクールカウンセラーの配置もあります。国で求められている一定の対応は飛騨市でもできているものと思っています。

飛騨市の大きな特徴は、ここに学校作業療法室が入っていて、かなり大きな役割を果たしていることです。福祉が教育のなかに包含されるような感じで、コロナ禍で学校からふらっとへの相談も増えていましたが、学校作業療法室が動き始めてからは学校側からの相談が激減しました。

ただし家庭への介入や、サービス福祉や医療のつなぎの段においては、学校作業療法室が「ふらっと」と連携をとり、「ふらっと」が学校作業療法室と各機関のハブとなって多機関連携を進めています。

（2）福祉をしっかり前に進めるための予算

こうした考えをもとに飛騨市の福祉を前に進めるためには、「バイオ・サイコ・ソーシャル」のバランスを整えられるよう、医療者が福祉のなかで必要な支援を行う体制も担保しなければなりません。しかしながら、いまの診療報酬制度では医療者に報酬がありませんので、医療側がボランティアになるのが課題です。かといって、このままでは必要な福祉の対応が前に進まないこととなります。そこで飛騨市は、ここに予算をつけます。これは市長の大きな方針でもあります。

もちろん、より円滑に予算を組んでいきたいという思いもあります。新しい取り組みは失敗したときに、住民や議会から「市民の血税を使って、なぜそんな無駄なことになったんだ」と言われがちです。そのため市町村にとって研究や検証事業はやりにくいものです。それで研究機関といったものは国や県にある流れだと思っています。

けれども、具体的な事業を実施しているのは市町村です。実際、壁に当たるたびにいろいろ試したいことが山ほど出てきます。それを市町村が試せないと、新しいことが現実化していかないのだと思います。

この問題をクリアしていくため、飛騨市では財源としてふるさと納税を活用しています。以前からふるさと納税において、市の個別の取り組みに応援していただけるよう、使い道を定めたものを用意していますが、財源にこうした工夫をすることで、さまざまな個別の地域課題に対して思い切ったチャレンジの取り組みができる体制となっています。

飛騨市の市長は「失敗したっていい。失敗してもそのなかにたくさんの成果の芽や種があるので、無駄になることは絶対ない」と常に言っています。こうして挑戦していかないと、人口動態が大きく変化し、先が見通しづらく従前どおりにはいかない課題だらけの時代は、渡っていけなくなるのではないかと思っています。

(3) 飛騨市支援ラボ事業

このような精神で事業に取り組んでいますが、より安心して現場から出てきた仮説を実践し検証する取り組みを行いたいという思いがあります。それで2023年度、「飛騨市支援ラボ」プロジェクトを立ち上げました。飛騨市という柔軟かつコンパクトに動けるフィールドの強みを活かして、さまざまな専門家に日本の課題となることを、実証的に取り組んでもらおうというプロジェクトです。この資金はふるさと納税で集めて実施することで、市としても思い切って取り組むことができます。

発達に課題のある子どもたち、生きづらさを抱えている人たちの支援現場では、当事者、支援者ともにさまざまに悩みながら取り組んでいま

す。その悩みに有効な支援を見出すことは、一筋の光です。飛騨市が実践フィールドとなって、先進的な有識者の取り組みを後押しし、新しい支援の開発、検証を推進していきます。

　現在、この取り組みの重点は、思春期健診、学校作業療法室の実践、読み書きICT支援、乳幼児の身体調和支援、ふらっとまちなかどこでも相談、パワーふらっと、ふらっとまちライブラリーなどさまざまです。これらの飛騨市でできた新しい支援策を、成果が見えてきたら全国各地の支援の場に届けることをめざしていきます。

　2023年12月の飛騨市Well-beingフォーラムで「ふるさと納税」による「先駆的なこどもまんなか支援の実践」への寄付を呼びかけたところ、思わぬ反響を得ています。ふるさと納税もこうした全国に還元の気持ちがあると寄付者も寄付を受ける側も「共創」の気持ちが高まり、モチベーションのアップにつながると実感しています。

■ **この精神で取り組みやすい環境をつくる**

> 市では本市の現場で課題となっているが全国的な課題でもあるものに、「新しい支援策」「希望の光」を見つけるため、「飛騨市支援ラボ事業」を立ち上げました。これは飛騨市フィールドで有識の専門家が提唱する「新たな支援策」等を市とともに実証的に実践していく事業です。

● 飛騨市でできた新しい支援を全国の支援の場へ

思春期健診

学校作業療法室

パワーふらっと

ふらっとまちライブラリー

（4）企業版ふるさと納税

　さらに2024年６月、企業からも寄付を募る「企業版ふるさと納税」も始めました。これは「学校作業療法室推進プロジェクト」として、学校作業療法室に特化した寄付メニューになっています。

　企業版ふるさと納税は企業の寄付ですが、そのうち損金算入と法人税等の税額控除が合わせて最大９割の制度的支援もあり、実質負担は１割になります。企業にとってのメリットは、社会貢献や飛騨市との関わりの構築、地域貢献などがあげられます。

　学校作業療法室の展開ノウハウを見える化する書籍の普及、飛騨市で学校作業療法を学ぶ人材育成、社会作業療法を幅広く展開するOT育成への協力、学校作業療法に関する全国推進ネットワークづくりなどに企業からのご寄附を活用していきたいと考えています。

　詳しくは飛騨市のホームページに掲載しています。全国的な課題の解決策を地方の実践から見いだしていくため多くの応援を願っています。

岐阜県飛騨市企業版
ふるさと納税
特別サイト

ふらっと相談から学校作業療法室までの道
―― 教育と福祉の連携

Part 2

▶ 飛騨市市民福祉部総合福祉課
地域生活安心支援センター「ふらっと」
センター長
青木 陽子
Youko Aoki

① 発達支援センターから「ふらっと」へ

　「ふらっと」の前身である旧発達支援センターは、主に乳幼児の発達相談を担当する組織でした。保健師と連携して毎月健診や「遊びの広場」などに参加していたほか、フォローアップ教室で発達課題の見られる子どもに遊びの提供をしたり、児童発達支援につないだりしていました。飛騨市は子どもが少なく把握しやすいため、比較的手厚く対応していたと思います。
　その一方で学校との連携は、就学時に年長の子たちの情報を引き継ぐと、それでほぼ終了していました。その後に学校から相談がくることはあまりなく、ましてや高校や18歳までの子の相談を受けることもほとんどありませんでした。全国的に「途切れのない支援」が強調された後も、発達支援センターでは、小学校への引き継ぎをより良いものにするため

にどうしたらいいか、という視点で考えていたと思います。

　いま思えば、支援が必要だった子たちが学校に行って、困らないはずがないのです。でも、学校の問題は学校で対応することが当たり前になっていて、それを発達支援センターで扱うという意識が薄かったように思います。

　実際にはおそらく、子どもが困っていたり、家族が悩んでいたりなど、いろいろな課題があったと思います。けれども学校も発達支援センターも、やるべきことはきちんとしているという自負があり、苦情もなかったことで、さほど気にとめなかったのではないかと思います。

　その後、発達支援センターは、市長のテコ入れがあり前任のセンター

■ 2021年までは発達支援センターだった「ふらっと」

●主に乳幼児の発達相談をしていた	
・1歳6か月児健診、2歳児相談、3歳児健診での遊びの提供。保護者からの発達相談。 ・フレンドリー広場（フォローアップ教室）の活動。 ・児童発達支援へのつなぎ。 ・医療へのつなぎ。 ・保育所への情報提供。加配保育士の申請。	・療育保育士、保健師、理学療法士（PT）による保育所訪問。 ・保健センターや保育所との連絡会議。 ・障がい福祉の視点での相談や支援。 ・学校・教育委員会とは就学児の引き継ぎに連携。 　①就学相談、②教育支援委員会に参加。 ・診断は県の療育事業で医師を派遣してもらっていた。

↓

●課題は就学以降の相談の希薄さ	
・小学校に情報を引き継ぎをした後、就学以降のお子さんの相談はあまりなかった。 　→学校の中で教員が対応していた。 ・検査や診断が必要な場合の相談はあったが、医療へかかるための「つなぎ」等であった。	・保護者も学校も「学習、行き渋りなど学校での困りごとの相談は学校にする」ことが普通だった。 　→学校では先生が、自分なりの精一杯で対応していた。それがあたりまえだった。

> 外からみると課題であることや保護者からするとがっかりすることがあっても、現場はそれなりにやっているので気づかないことが多い。さらに担当者は「異動」がある。

長のもとに少しずつ整えていきました。2019年にNPO法人はびりすの作業療法士（OT）に専門相談を委託してからは、さらにいろいろと拡充しながら、2021年度に総合相談窓口として地域生活安心支援センター「ふらっと」になりました。

「ふらっと」には、徐々にいろいろな相談がくるようになりました。すべての世代が対象だと、今苦しんでいることが何十年も前から続いていたり、困りごとが多岐にわたってからんでいたり、どの相談もさらに奥が深いと感じます。また、成人の相談に応じるなかで、乳幼児期や学童期にあればよかったと思える支援も、たくさん見えてきました。

ここでは、そんな総合相談の中で特に学校教育に関する相談に注目し、学校作業療法室ができていくまでを行政の目線で紹介します。

2 増加した小学校・中学校の相談

まず、相談の枠を広げたことで、小学校・中学校で困っている相談が多くなりました。「勉強がわからない」「理由があって学校に行けない」「理由はよくわからないけれども行き渋りがある」などの相談も多くありました。「学校の先生にも相談して『ふらっと』に来た」という子どももいれば、先生には相談していない親子もいました。

専門相談は引き続きNPO法人はびりすの作業療法士が担当し、山口清明さんや奥津光佳さんらがこうした小中学生や保護者の相談にも応じていました。

対象の子どもと面談し、特性などを見立て、アドバイスすることで納得されて終わるパターンもありましたが、相談内容によっては対応上、

学校の様子や生い立ちの情報が必要になるケースもありました。その場合はご家族の同意を得て、乳幼児期の情報や学校の先生に電話で聞いた話を私が山口さんらに伝えて、それを参考にしながら対応してもらいました。

　進めていくにつれ、これまでとは視点の違う相談対応に人気が出てきました。ところが相談が増えていくにつれて、「ふらっと」の相談室だけでは済まず、学校の様子を直接見て判断すべきケースや、「自分ではうまく伝えられないから、子どものことを『ふらっと』から先生に伝えてほしい」と保護者に依頼されるケースなどが出てくるようになりました。

■ 発達支援センター→地域生活安心支援センター「ふらっと」

●主に乳幼児の発達相談をしていた	●2019年～専門相談として作業療法士（はびりす山口OT）に委託
・障がい児は保健センターの検診で医療へ。 ・障がい児はフォローアップ教室へ誘う。 ・乳幼児相談や保育所訪問、フォローアップ教室は、保健師、療育保育士が担当。 ・小学生～の相談に教員OBを起用。 （心理士、PTも必要に応じて委託）	・OTによる保育所訪問を開始。 ・児童発達支援事業所からの相談も受ける。

●2020～すべての相談の総合相談窓口に	（学校に関しては）
・年齢を問わず、発達や行動、人間関係等の相談が増えた。 ＊2023年には児童、成人の相談が約半々に。	・小学校、中学校で困っている子どもの学習や行き渋り等の相談も多くくるようになった。 ・本人の身体、精神、特性、環境などを踏まえた相談が人気に！

「ふらっと」の相談室で相談を聞いていたが、本人だけでなく学校での様子を見たり聞いたりする必要が出てきた。

3 「ふらっと」の相談室から学校現場へ──第1の壁

相談内容に応じて授業の参観や先生との面談などを学校に依頼すると、とりあえずは快く聞いてもらえました。けれども一度や二度で終わることではないため、何度もお願いをして内容を整えていく必要がありました。

たまたまコーディネーターの先生が私の同級生だったり知り合いだったりした場合はよかったのですが、そうしたツテがない学校では、とりあえず電話に出られた先生に説明したり、担任の先生に伝われば、それでいいと勝手に思い込んでいたりしました。また、保護者が頼りにしていると聞いた養護教諭と話を進めたほうがいいかもしれないと思い、担任より先に養護教諭を頼ったこともありました。学校長も、どんな相談でOTが入ったのかを誰からも聞かず、知っておられないケースもありました。このように、学校の体制に沿うよりも、相談内容によって毎回成り行きで行動していました。

学校によっても差がありました。訪問するたびに依頼文書の提出が必要な学校もありますし、担任によっても、すんなり受け入れてもらえる

「ふらっと」→学校に連絡、依頼	〔学校〕快く聞いてくださった……しかし
●保護者からの相談があったので、授業の様子を参観させてください ●授業の邪魔はいたしません ●保護者から依頼されたので、Aさんの特性について、先生とお話しさせてください ●こんな声かけをお願いできますか？	●こちらの都合で電話をした。(授業中だったり…) ●誰に頼むか考えずに、何でも担任に伝えたり、電話に出た先生にまずお願いすることもあった。(先生方の学校内での役割をよく知らなかった) ●学校では調整が必要。これが結構大変らしい。何度も何度もやりとりを(学校の苦労は見えず) ・「なぜ福祉が教育現場に？」学校によっては依頼文書が必要。 ・養護教諭の役割の幅広さ。誰と連携すべきだった？ ・担任によって受け取りの温度差が大きかった。 ・学校の支援や、スクールカウンセラーに相談している等の確認をせず進めようとしたせいで混乱が起きた。

学校という組織の中には学校なりの常識がある。ちょっとしたことだが、これが大事。

場合もあれば、「なぜ福祉が教育にここまで入ってくるのか」という警戒心からスタートすることもありました。

　私自身、行政の仕事に携わる前は幼稚園・保育園・児童発達支援事業所に長年勤めていましたから、乳幼児期の事業所との連携においては問題なかったのです。園長ともよく話ができたほか、送迎や昼寝の時間、年間行事など、現場の状況をよくわかっていたため、無意識に専門家をつなぐ上での配慮ができていたのだと思います。

　どこでもそうですが、ある組織に入るには、その組織に合わせた配慮が必要です。学校には学校の慣習があり、それらは学校にとって常識でとても大事なことなのですが、外からはわかりにくいことも多々ありました。

　そこで「ふらっと」では、教員OBを短時間勤務の地域連携支援員として雇用し、この支援員が学校との窓口になりました。支援員らはまず、各学校の組織表を見て、誰が特別支援コーディネーターで、誰が教育相談の担当かなどを調べました。そしてケースによって、どの立場の人に話すべきか教えてくれました。その他にも、「まず校長室にあいさつするといい」「ここは若い担任に話すより先に、進路指導の先生に話したほうがいい」など、いろいろな配慮をして学校に受け入れられやすくしてくれました。

　いまではもうここは乗り越えて、「ふらっとです」と電話すれば「いつもどうも」と言ってもらえる関係性ができていますが、こういう連携がとれる体制になるまでの積み重ねが大切だったのです。

　積み重ねる過程では、学校長から電話で直接指導を受けたり、支援員が持ち帰った意見を調整して流れを変更することもありました。たとえば「進路指導は学校で考えてきた時期があるので、保護者に話すなら、学校を通してからしてほしかった」「学校でよかれと思ってやってきた対

■ 学校を理解する・学校の思いを尊重する

教員OBチームを地域連携支援員として短時間雇用。
（学校との窓口になってもらい、やり取りがスムーズに）

- 〔学校教育要覧〕にて、各学校の先生の役割等を把握。
- ○年生の担任、通級の担任等、関わっている先生を把握。
- コーディネーターとの連携。時間等の調整。
  例）時間割によって、この時間なら参観OK。
  　　夕方の話し合いに参加する先生や場所の調整など。
  ・相談した子どものその後の確認。学校側でも困ってないか。
  ・相談内容のまとめ（記録）。
  ・不愉快な思いをされたことがあれば聞き、持ち帰って対応を。
  例）進路に関わることは直に保護者に言ってほしくない。

作業療法士は、子どもの見立てなど、相談対応に集中できるように！

学校側からの相談も受けるようになった！

応が専門家の意向とは別方向になったので、どうしていけばいいだろう」「医療につなげたかったんだけれど、家族がふらっとに相談したことで、ちょっと安心してしまって受診を遅らせることになったけど、それでいいのか」などの意見がありました。

また学校としても、当時はまだ認知特性についての理解は一般的でなく、それに合った指導を考えたり、「勉強ができないのは理解力や努力の問題ではない」などと聞いたりするのはあまりなかったようです。先生によって考え方もいろいろで、経験から培った支援とのギャップがあったり、集団の中でできること、できないことがあったり、いろいろな壁ができることになりました。

ただ、そういううまくいかなかった意見をそのままにせず、ていねいに対応してすすめていくことが絶対にいいのです。何かをつくっていくときの壁や課題は当然出るもので、それは通過点であり、それを超えるとまた広がります。そして、行政がこのような調整ごとを受けもつのは、作業療法士が専門相談に専念できるようにするためです。作業療法士は作業療法の専門性に特化することで、学校からも頼られる存在になり、連携したくなる存在になっていくのだと思っています。

❹ 学校を混乱させてしまった──第2の壁

これまでの教育・福祉の連携では、たとえばある子どもの家庭についてケース会議を開いても「学校内のことは学校が対応しているから、福祉は家庭のことや地域のことを考えてほしい」など、動く舞台を分けた形が普通でした。

したがって学校の先生たちには、福祉サービスがよく知られていません。会議でも「この家は福祉サービスで掃除してもらいたい」「ヘルパーを頼めないか」などの意見が簡単に出ることも普通でした。つまり、ヘルパーや移動支援などの福祉サービスは、障がいや介護の認定がなくては使えないことが理解されていなかったのです。本当に教育と福祉は別世界で、学童保育と放課後等デイサービスの違いがわからないということさえありました。

「保育所等訪問につながった」と言われても、どういうことなのかわからないと聞かれることもありました。「保育所等訪問というのは、学校が頼んだわけでもないのに、なぜ学校に入って、学校の問題にアドバイスするのか」などと思われることもあり、やはり定着するまでは意味がわ

■ 学校を混乱させてしまう

これまでの学校と福祉は・・・

・学校は「学校生活」の中のこと
・学校でのことは学校がわかっている

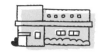
・福祉は「家庭・地域生活」の中のことでしょ？
・保育所等訪問？
・ヘルパーが家の掃除をしてくれないの？

学校の問題に福祉（OT）が、授業に入ってアドバイス?!

からない状態だったのだと思います。教育と福祉の連携において、これが第2の壁です。

当初、学校は保育所等訪問で学校を訪ねた作業療法士に契約していない子の相談までもちかけたり、サービスを使うためには医師の診断が必要なことを知らずに家族にすすめてしまったり、いろいろなハプニングが起きました。

そこでまず、学校作業療法担当の作業療法士と保育所等訪問担当の作業療法士を分けて（どちらも「はびりす」のOTだった）、しばらく別々の人に対応してもらうように、訪問時にはそのつど何の立場で学校に訪問したのかを伝えるようにしました。

同時に特別支援コーディネーターの先生を中心に、福祉サービスについての説明会を行いました。この説明会はその後も毎年1回、学校教育課に依頼して継続しています。多くの先生にわかってもらうために時間をかけて定着させていきたいと思っています。教育と福祉の連携において

■ 学校に福祉サービスを知ってもらう

> 保育所等訪問支援（福祉サービス）で訪問する作業療法士ってなに?!

- はびりすに「学校OTに行く担当」と「保育所等訪問の担当」を分けてもらった。
- コーディネーターの先生の集まる部会で福祉サービスについて説明会をした。（今も継続）

〔学校ではこんなことがありました〕
・保育所等訪問で訪問したOTに、契約していない子の相談を持ちかけた。
・保育所等訪問で検査をした児童のフィードバックがよかったため、他児の検査も直接申し込んだ。
・保育所等訪問の予定変更の連絡が総合福祉課に来たり、学校OT相談の問い合わせを事業所（はびりす）にしたりした。
・そもそも相談支援専門員って何？
・診断がないのに、保育所等訪問の話を家族にすすめてしまい使えなかった。
・障がいの手帳や介護区分がないと福祉サービスが受けられないと知らなかった。

は、法的なサービスの理解は優先度が高いと感じています。

⑤ 訪問する作業療法士から学校に常駐する作業療法士へ──第3の壁

　学校からの相談も多くなり、いよいよ相談を受けて「学校を訪問する作業療法士」から、「学校に常駐する作業療法士」へ向けて動く運びになりました。ここで第3の壁です。

　メリットはたくさんあります。山口さんからもたくさんの思いを聞いてきました。学校で場面を見ながらタイミングよくその現場で支援ができる、保護者が必要性を認めず支援を受けるに至らなかった子にも携わっていける、学校全体に支援がいる子どもが増えている現状だけにセルフケアができるように授業でも伝えられるなど、本当にその通りだと思いました。

　しかし専門家がいいということであっても実現するためには、行政や現場の理解がないと難しいものです。幸い飛騨市は市長が「学校に作業療法が必要だ」という思いをもっているので進みやすかったのですが、総合福祉課内でも、学校に作業療法士が常駐する新しい事業のためにさまざまな意見が出ました。「保育所等訪問支援と学校作業療法室はどう違うのか」「予算が二重にならないか」「時間的に今も余裕がない中、事務職は誰が担当できるのか」など。

　学校からも「相談がないときはどこで何をしてもらうのか」「誰がOTのスケジュール管理をするのか」「誰が相談等のコーディネートをするのか」「作業療法室なんてないのに、どこにいてもらうのか」など、多くの質問がありました。「それはいいことだ！」とすんなり進んでいくような

単純なものではなかったのです。

理解を得るために、校長会に出向いてプレゼンテーションをさせてもらいました。「『もし作業療法士が学校にいたらどんなことができるだろう』プロジェクト」と銘打ち、可能性をいっしょに考えてほしいという趣旨の説明をしてきました。

その上で、モデル校としての希望を募ったところ、いろんな課題があ

■ 相談から訪問するOT→学校に常駐するOTへ

保健室に保健室の先生（養護教諭）がいるように、
作業療法室（仮）に作業療法士（OT）がいる学校をめざして

〔OTからは〕
・学校に教員とOTがいることで、役割分担できるよ！
・困っている子にその場でアプローチができるよ！
etc…

〔学校はドキドキ〕
・相談がないときは何してもらうの？
・誰が相手をするの？ 誰が相談等のコーディネートをするの？
・作業療法室なんてないよ?! どこにいてもらうの？
・授業中はどうしてるの？
・スクールカウンセラーもいるのに？
・保護者が問題ないと思っている子も見てもらえるかな…
・予算は？ 担当は？ そもそもそれって必要なのかな

■「もし作業療法士が学校に入ったら」プレゼンテーション

押しつけでなく、何ができるか一緒に考えてもらう
・校長会に「もし作業療法士が学校に入ったら……」というプレゼンをし、希望校を募った。
→ 7校中5校が手をあげてくれた！

るにもかかわらず7校中5校から手があがりました。それはこれまで山口さんや奥津さんたち作業療法士が、どんなにがんばって学校でいい影響を与えてきたのかを物語る瞬間でした。

⑥ 「ふらっと」での相談事例から
――不登校相談と家庭支援

　それからは、2023年度に学校作業療法室事業の所管が総合福祉課から学校教育課に移り、教育委員会で予算を計上されるなど円滑に進んでいきました。2024年度には、各校での学校作業療法室の開室が週1回から週2回になりました。学校と福祉が話し合って家庭支援を行ったり、検査や医療につないだり、連携もさらに深まっています。

　それとともに、「ふらっと」で受ける小・中学生の相談は格段に減ってきました。「ふらっと」で扱うものは家庭支援が必要なケースや他課との

■ それからの経緯

総合福祉課のモデル事業→教育委員会の本格実施へ　(市と専門家　今後持続可能な体制を模索中)

もっと来て！ 月1から週2へ。今後は…

教育と福祉の新しい連携

2022年
- 手をあげてくれた学校の中から古川小学校をモデル校にして「学校OT」を開始。月1で朝から夕方まで学校に在中。
- 「ふらっと」と連携。内容についても一緒に検証していく。

（専門家の力はすごい！）

2023年
- 「学校OT」の政策を総合福祉課から教育委員会に移す。
- 市内小学校をすべて訪問。週1で学校にOTが在中。
- 古川小学校に作業療法室（みたいなもの）ができた。
- 現場の評価もよく継続に！

2024年～
- 学校教育課で、WISC-IV検査の予算計上。（検査の取り扱いについては検討中）
- 「もっと来てほしい！」週1から週2でOTが学校に在中。
- 家族支援は総合福祉課も連携。

（次は継続のために…！）

*WISC-IV: ウェクスラー式知能検査の一つ

連携が必要なケースが主になっています。その一つを紹介します。

Aさんのお母さんから、「行き渋りがある。何とか学校に行ってほしい」という相談が「ふらっと」にありました。児童精神科にも相談され、「無理に行かせなくてもいい」との方針を助言されたそうですが、「このままでは、ずっと学校に行けなくなるんじゃないかと心配」と焦りが生じたというのが最初の話でした。

さらに詳しく聞くと、貧困な状態の母子家庭で、お母さんの「安心して生活したい」という真のニーズが浮かび上がってきました。お母さんの性格特性もあり、情緒不安定な様子も見られました。何より、明日食べるものにも困るような状態でした。

そのため総合福祉課の職員で、フードバンクに数週間分かの食べ物を提供してもらったり、生活資金の貸付やひとり親家庭向けのサービスを整えたほか、繰り返す借金問題に家計支援を入れました。

その一方で作業療法士に、母子の相性やお母さんの特性をみてもらい

■ 事例）不登校相談　Aさんママ

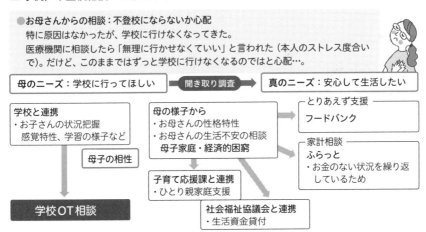

ました。そして学校と連携し、お母さんの最初のニーズであったAさんの行き渋りについては、学校作業療法室で担当することになりました。

このように「ふらっと」が家族全体をとらえて連携の調整をしながら対応するケースがほかにもいろいろとあります。

⑦ 学校との連携をすすめるために

学校との連携をすすめる上で、今はその流れが来ているチャンスだと思っています。

かつては、体育会系の先生が熱血指導をしたり、情熱的な先生が家に迎えに行ったり、あるいは保護者にも「生活をしっかり、こうしたほうがいい」などと"苦言"を呈したりする、そういう時代が長く続いていたように思います。その後はどんどん社会も変化し、支援の必要な児童も増える中、多岐にわたる社会や保護者のニーズに学校は何とか向き合おうとしてきました。

けれどももう、そういう個別指導や家庭の指導、あるいは通常学級や通級だけでの配慮では難しくなっていると思います。さらにコロナ禍を経て、「問題行動」が表出されないまま不登校に変わってきました。特性や繊細さなど要因も複雑化してきていて、保護者への苦言も意味がないばかりか、保護者も同じ方向で学校といっしょに話し合っていきたいと考えているのに、どちらも方法がわからないのです。

そんなときですから、学校も専門家とつながり、その見立てや支援に頼りたいと思うのです。これまで学校だけで解決していたことも、いまは市町の福祉や医療、学童保育、放課後等デイサービスなど、みんなで

関わって考えていくことがこれまで以上に必要になってきています。

　いまは専門家が求められる時代です。学校に入っていく流れが来ていると思います。

■ 学校の中のことは「学校」で。でもその中に入りたい

●エネルギーが高かった時代
・勉強についていけない生徒→個別指導
・問題行動を起こす生徒
　→熱い教師が心で対応＋保護者への苦言も
　▽
・発達障がいと思われる子が多くなった。
・個別指導、熱血指導で解決できないことが増えた。
　▽
・通常学級で配慮するのは難しい。
・診断があれば対応する。診断や検査についての相談は「ふらっと」にする。
・家庭や地区などの環境の問題も「ふらっと」に。
・それ以外で「ふらっと」に相談することって？　学校が一番その子のことをわかっているのに。

先生たちは研修等で勉強しているので、知識としてのASDやADHDの一般的な対応はわかっている。しかし個々に症状や状況がちがい、さらに担任は全体のクラス運営がある。タスクが多く対応もむずかしい！

●エネルギーが低い時代、さらにコロナ禍
・問題行動は不登校へ
・発達特性、繊細さん、HSPなど対応が複雑化。
・保護者とも同じ方向に向かって話し合いたい。
・専門家の見立ては的確。学校側も頼りたい。
・「ふらっと」、学童、放課後等デイサービスなど関わっている人が学校に入ってみんなで考えることが必要になってきた。

＊ASD：自閉スペクトラム症　　＊ADHD：注意欠如・多動症
＊HSP：ハイパー・センシティブ・パーソン。視覚や聴覚の感覚が敏感で刺激を受けやすい特性。

8　作業療法のパワーを実感する

(1) 衝撃的だった作業療法の視点

　はびりすの山口さんに市長が直接声をかけていたとは知らなかった頃、私は別で山口さんの講演を聞きに行きました。視点が新しい講演に興味をもち、山口さんに連絡したところ、大垣市の保育所訪問をしていると

聞き、許可を得てその訪問に同行しました。それが当時の私には衝撃的だったことを、いまでもよく覚えています。

そこの園児のAちゃんは、指示がわかっていないわけではありませんが、行動が遅れがちです。遊戯も覚えてないところがあり、人をチラチラ見ながら自信なさそうに踊っています。トイレに行くと、窓の外ばかり見ていてなかなか帰ってきません。運動も苦手で、誘うとすぐに泣いていました。

保育所の先生は、自信がないようだからほめて自信をつけさせようとか、集中できず気が散りやすくて外ばかり見ているのかもしれないから、気が分散しないようにたくさん声をかけよう、などと思っていたそうです。

ところが、山口さんの見立ては全然違うものでした。

■ 作業療法士の見立て（Aちゃん）

●トイレに行くとなかなか部屋に帰ってこないAちゃん
- 一斉指示がわかっていないわけではないが、聞いていなかったのか行動が遅れがちになることが多い。
- 遊戯も覚えていないところがあり、人を見ながら踊る。
- トイレに行くといつも最後まで戻ってこない。様子を見に行くとトイレ前の窓から外を眺めている。
- ハサミが苦手。運動遊びも苦手。すぐに泣いてしまう。

〔保育所の先生は〕
- 気が小さくて、自信のない子なのかな
  →ほめて自信をつけてやらなきゃ！ 泣かずにがんばってほしい
- 周囲に気がそれやすく集中できないのかな
  →気が分散しないように声かけをたくさんしよう！

⬇

全くちがったOTの見立て
- 「引き出しからクレヨンを出して」などの指示には誰よりも早く反応し、持ってくる。しかし「椅子を持ってきて」という指示には、積み上げてある椅子を人に当てないように取り出すことができないため最後になる。
- 体操は自分の目で見える部分の動きはいいが、見えない部分のイメージが弱くわからない。それでも一生懸命ついていこうとしている。
- トイレは便がうまく出せない。スリッパも苦手。
- Aちゃんは誰よりもやる気があり、意欲も高い！
- それなのに体の不器用さが意欲に伴わず、意欲があるのにできない。それでも精一杯がんばっているから涙が出る。

この子の行動を見ていると、「引き出しからクレヨンを出して」などの指示には誰よりも早く反応して持ってくる。しかし「椅子をもってきて」という指示だと、身体が不器用だから積み上げてある椅子を人に当てないように取り出すことができず、最後になってしまう。体操も、自分の目で見える体の部分の動きはいいけれども、見えない部分のイメージが弱くてわからない。それでも一生懸命ついていこうとしている。トイレも、ちょっと腸が悪くて便がうまく出せない。スリッパも苦手。でも行かなくちゃいけないから遅くなる。誰よりも意欲が高いのに体の不器用さがその意欲に伴わず、でも精一杯がんばっているから、何かあると涙が出てしまう——。おおむね、このような見立てでした。

　これを聞くと、Aちゃんの見方が変わってきます。そしてこのときに、この山口さんの保育所訪問を飛騨市にもってきたいと思いました。そして実際に、保育所訪問を依頼し飛騨市に来てもらうことになったのです。

（2）わかりやすく納得できる見立て

　飛騨市の保育所を山口さんに訪問してもらったときのことです。

　外遊びが大好きなのに、友達と遊ばずに寝そべってアリばかり見ているBくんがいました。友達と遊べないわけではありませんが、外に出ると決まってアリを見て過ごしています。散歩は嫌いですが、1人で走り回るのは好きです。保育所の先生は、自閉傾向があって遊びが限局的なのか、体幹が弱いのか、なまける子なのか、などと思ったそうです。そして、もっと友達と遊んでほしいから、運動遊びが楽しいと思えるように声をかけて誘っていこう、などの対応をしていたそうです。

　ここでも山口さんの見立てはちがっていました。

座って話を聞くときに、手のひらを膝の上にのせて腕で体を支えている。走るときは「欽ちゃん走り」になっている。体を触ると、肋骨の可動域が狭くて呼吸がうまくできていない。だから、みんなに合わせて歩かないといけない散歩は苦手だし、外で遊んでいても苦しくなると寝そべる。その先にアリがいたから、ちょっとおもしろくなって遊ぶ。その流れができていたのだと思う——。

　こういうことは保育士ではわかりません。これをBくんのお母さんとも共有し、可動域を広げる運動を教えてもらって、ときどき「遊びの広場」で確認していこうという話になりました。

　作業療法士が入って本当によかったとうれしくなりました。こうした事例は、のちの不登校予防にもつながるのではと思っています。

■ **作業療法士の見立て（Bくん）**

●外遊びは大好きなのに、友達と遊ばずに寝そべって「アリ」を眺めて遊ぶBくん。

・友達と遊べないわけではないけれど持続せず、外では決まってアリを見て過ごすようになった。	・保育士にその日の予定を毎日聞き、「散歩」の時間があると落ち込む。1人で走り回るのは好きなのに…。

〔保育所の先生は〕

- 体操の時も寝そべることがあるし、体幹が弱いのかな？
- 少し自閉的で1人で決まった遊びがしたいのかな？
- やる気のない姿が多く見られる。

- なまけものなの？
  →もっと友達と遊んでほしい！
- 保育士が一緒になってドッチボールなど誘い、運動遊びが「楽しい！」と思ってもらえるように計画しよう！

全くちがったOTの見立て

- 座って話を聞くときは、手のひらを膝の上にのせて腕で体を固定している。走るときは「欽ちゃん走り」。
- 1人で走りまわることはOK。マイペースに遊具でも遊んでいる。
- （本人を触って確認）Bくんは肋骨の可動域が狭く呼吸がうまくできていない。
- だから、みんなに合わせて歩かなくてはいけない散歩は苦しいし、外で遊んでいても苦しくなると寝そべるようになった。寝そべった先にアリがいたのでおもしろくなり、「苦しくなる→寝そべる→アリ」という流れができたのだと思う。
- Bくんの母とも共有し可動域を広げる対応を伝える。時々、遊びの広場にて確認していく。

⑨ 学校作業療法士を当たり前の存在にしたい

　今後は、学校にも保育所にも作業療法士がいるのが当たり前になる世界をつくり、それが持続していくのが目標です。新たな挑戦になっていくと思います。

　専門家が現場に入ると、そこで起こっている課題について、いままでとちがう視点で見えたり、どんな対処をすればいいのか仮説が生まれたりします。

　でもくり返しますが、専門家がどんなに「こうするのがいい！」と考えても、それを仕組みとして地域に落としていくときには行政の理解や共働が必要です。なぜなら、現場に入る体制や、予算をとるための政策が必要だからです。

行政は地域全体を俯瞰的に見る「政策のプロ」	×	専門家はある部分を深く見る「現場のプロ」

　行政は地域全体を俯瞰的に見る「政策のプロ」、専門家はある部分を深く見ていく「現場のプロ」、お互いを理解しタッグを組んでいくと、地域に本当に必要な新しい体制に向かって進んでいけるのではと思います。

　新しいことをするときは手探りであり、うまくいかないことも多い。それに行政にわかってもらうことがむずかしいこともあると思います。

　いまでもすべてがうまくいっているわけではありません。変化を起こすことは大変ですから、ハプニングもあり、こじれるとその修復に引きずることもあります。ですが、こうした連携が新しい福祉を、そして社会をつくっていくような気がしています。

Part 3 日本初！学校作業療法室

▶ 特定非営利活動法人はびりす
作業療法士
奥津 光佳
Mitsuyoshi Okutsu

中部大学
作業療法士
塩津 裕康
Hiroyasu Shiozu

はじめに

　私は今、飛騨市の小学校の体育館に来ています。

　ほぼ全校児童数に近い人数の大歓声のなか、順番に児童たちがステージに上がっていきます。自主的に応募してきた児童たちが一芸を披露する「古小ライブ」の時間です。司会運営ももちろん児童たち。ものすごい数のエントリー数です。ダンスに歌、ピアノ演奏など、つぎつぎに児童たちが披露していきます。特別支援学級に在籍している児童たちのダンスも堂々たるものです。ステージ下からは、発表する児童たちに対して「わあーっ」と惜しみない歓声が送られます。

　学校中に「作戦」というキーワードがとびかい、児童たちは得意なことも苦手なことも「どんな作戦を使おう？」とつぶやき、先生たちも「こんな作戦でやってみたら？」とささやいています。作戦を児童と一緒に考える明るい雰囲気が芽生え、児童たちが自分のやりたいことを表現し

ている風景を見て、これまでの物語を思い返していました。

① 「学校作業療法室」を支える手法──CO-OPアプローチ™

（1）CO-OP（コアップ）アプローチとは

　きっかけは小学校の廊下に掲示してあった「自分から、自分で、自分なら」という学校目標でした。
　この学校目標には、児童たちが自ら考え、自分で率先して行動できるように育ってほしい、という先生たちの願いがこめられています。しかし当時、校長先生はある悩みを抱えていました。それは「学校目標として掲げているが、児童たちの主体性がなかなか芽生えない。この目標を達成するための具体的な方法がない」ということでした。児童たちが自

分でやりたいことを表現し、自分ならどうするかを考えていくには、どうしたらよいだろうかと考えました。

そこでとりいれたのはCO-OPアプローチという方法です。CO-OPアプローチは児童たちの主体的な学習に焦点を当てます。児童自身がやりたい目標を決め（Goal）、その目標を達成するための作戦を自分で考え（Plan）、実行し（Do）、成果を確認し（Check）、目標が達成されるまで作戦を修正する。そしてそのサイクルをぐるぐる回していくことで、目標達成を目指すためのアプローチです。目標を達成するための工夫をCO-OPアプローチでは「作戦」と呼びます。

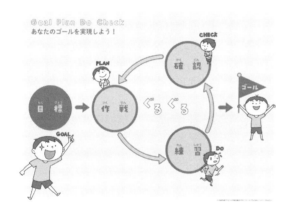

■「GPDCシート」
ホームページよりダウンロードができます

このCO-OPアプローチの手法を学校の児童たちみんなに手渡せたとしたら、児童たちの主体性が増し「自分から、自分で、自分なら」という学校目標が達成できるはずという仮説を立てました。

学校作業療法室のメインテクニック、CO-OPアプローチについてもう少し説明しましょう。このアプローチはとてもシンプルな構造でできて

います。支援者はあくまで児童たちの主体的な行動を促すだけの立ち位置です。

　はじめに、児童自身が自身の取り組みたい目標を決めます。その目標を達成するための作戦が決まったら後は簡単です。実際にその作戦を試してみて、その結果どうだったかを確認する。この「作戦を決める→試す→確認する」をぐるぐる回していくなかで、どんどん作戦をブラッシュアップしていき、目標達成へ近づけていきます。

　CO-OPアプローチは、もともと発達性協調運動症（DCD）を有する子どもの運動スキル習得のために開発されたアプローチです。しかし、CO-OPアプローチは、運動スキルの習得に限らず、自身の心や感情の取り扱い方（自己コントロールスキル）、人間関係（社会交流スキル）にも応用することができます。

子どもたちが発見した数々の作戦

CO-OPアプローチは突き詰めれば、「考える＋行動する（試す）＝発見！」ということを枠組みにしたモデルなので、児童のやりたいという目標であれば、どんなことにでも作戦を立て、問題を解決し、目標を達成することができます。

　児童が自分のやりたいことにチャレンジしてうまくいかなかったとき、努力不足や能力不足など自分自身に責任を感じてしまいます。人によって、その失敗の衝撃は大きく、もう一度チャレンジすることにくじけてしまうことも少なくありません。

　CO-OPアプローチで作戦を立てても失敗することはたくさんあります。しかし、そのとき、「うまくいかなかったのはわたしの責任でなく、作戦がよくなかったんだ」とCO-OPアプローチでは考えます。だから、「作戦を変えてチャレンジすればいいんだ」というように、失敗は次の成功

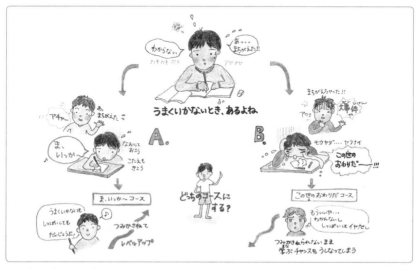

みんなはどっちにすすみたい？　ま、いっか〜コース／この世のおわりだコース

へのきっかけであると考え、児童たちが安心して繰り返しチャレンジしていくことをサポートすることができます。確率的に考えても、複数の成功へのルートがある状況において、失敗はそのルートを消せる、つまり成功確率が上がるということです。このアプローチの強みは、失敗が失敗にならないということです。

(2)「作戦マン」誕生

校長先生と「どうしたら全校児童にCO-OPアプローチを手渡せるだろう？」という作戦会議をした結果、「給食の時間の放送を使って、みんなにアピールしたらどうだろう？」という作戦を思いつきました。そして生まれたのが「作戦マン」というキャラクターです。青いTシャツにサングラス、そのサングラスには「さくせんマン」と書いてある……。

CO-OPアプローチのテクニックの一つに「可能化の原理」というものがあります。簡単に言えば、人が成長するためには「とにかく楽しむ！」ことが重要ということです。「作戦マン」というチープなキャラクターの力を借りて、「やあ、みんな！　作戦マンTVの時間だよ！」と全校児童に語りかけました。学校という雰囲気に対して、なんとも言えないおかしなチープさのギャップが児童たちに受け、作戦マンというキャラクターは学校全体に一気に広まっていきました。

時には校長先生が作戦マンに変身し、一緒に番組に出演したり、さらには校長先生が自ら「30回二重跳びをする」という目標を立て、TV放送の際に生で披露してくれるなど、「作戦マンTV」は児童たちの間で大ヒットしました。作戦マンは、どこから現れて、どこへ行くのかはヒミツになっていて、校長先生もそのファンタジーを厳重に守ってくれ、児童た

ちにはいつも「作戦マンやろ?!」と怪しまれながら追いかけられています。

「作戦マンTV」の結果、学校には大きな変化が起きました。

まず、「作戦」というキーワードが、児童や先生たちの間で日常的に使われるようになりました。児童たちは得意なことも苦手なことも「どんな作戦を使おう？」と考えることが増え、先生たちも「こんな作戦でやってみたら？」と作戦を児童と一緒に考える雰囲気が芽生え始めました。

いまではこの小学校では「作業療法士（OT）という専門家」ではなく、「OT＝作戦マン＝作戦を一緒に考えてくれる人」と児童たちから認知されています。時には先生たちが児童たちへ「作戦マンのところに行って、相談してごらん」と学校作業療法室へ相談に行くことを促してくれたり、児童たちが自ら「お友達と仲良くするための作戦を一緒に考えてほしい」と相談へと来てくれるようになりました。

② 学校作業療法室で生まれた物語

　学校作業療法室では、アプローチするクライエントが入れ替わり立ち替わり。もちろん児童が対象になることは多いですが、児童に限らずご家族や先生も対象になります。ときにはクラス全体、あるいは学校全体が対象になることもあります。なぜなら、学校作業療法室は、障がいや診断の有無に関係なく、全校児童、全先生、全ご家族が対象だからです。

（1）崩壊していた学級

　ある小学校の特別支援学級では、児童たちがなかなか授業を受け続けられない状況がありました。先生は授業を進めていきたいのですが、児童たちは席に座っていられず、教室の中を歩きまわり、ときには教室から出て行くことさえあります。持ち物は床に散乱し、授業中にもかかわらず、児童たちが集まってごっこ遊びを始めてしまうような状況でした。

■「教室」Before

学級の状況を分析してみると、支援員が一生懸命、児童たちを授業に参加させようと、心を砕いて児童たちに声をかけたり、時には抱きかかえて席に戻そうとするほどに、児童たちが盛り上がってしまい、自身の席に戻れなくなり、どんどん学習から離れていってしまうということが起きていました。

　そこで学校作業療法室では、先生たちの声かけや席に誘導する手数が減り、児童たちが自立して動けるようになるように、担任の先生と作戦会議を行い、クラス環境のデザインにアプローチすることを決めました。

　はじめは普通に並んでいた机や椅子をすべて黒板の前に対してラウンド型に設置し、それぞれ児童たちの席の間にはホワイトボードで仕切りをつくり、まるでカプセルホテルのような個別の席をつくりました。

　また床に散乱する持ち物は、毎回「これは誰の？」「片づけなさい」というコミュニケーションが生じ、授業進行の妨げになっていたので、教室の中に落とし物ボックスという大きな箱を1か所設置しました。そして、落ちているものは自動的にすべて、そこに入っていくという仕組みをつくりました。

　大きな変化としては、児童たちが自ら椅子に座るようになりました。席の間には仕切りがあるため、授業中の児童同士の不要なコミュニケーションが減り、目の前の学習課題や、黒板の前に立っている先生に注意が向くようになり、授業の進行のしやすさが格段に向上しました。

　また児童たちも、自分の必要なものは落し物ボックスから探して、自分の場所に片づけていくという習慣が生まれ始めました。結果として、担任の先生や支援員の先生たちの手数は大きく減り、児童たちは主体的に授業へ参加することができるようになっていきました。

■「教室」After

（2）作戦マン体操

　ある小学校2年生のクラスでは大変なことが起きていました。児童たちは授業中であるにもかかわらず、児童同士で盛り上がっておしゃべりをしていたり、大騒ぎをしていたり、中には立ち歩く児童もいるような状況です。先生は何度も何度も注意しながら大きな声で授業を進めていこうとしますが、注意するほどに違う児童たちが盛り上がってしまい、またそこを注意して授業進行が止まるということが起きていました。

　児童たちが授業に参加しやすくなるためには「自己コントロールスキル」を育てる必要があるということがわかったため、担任の先生と作戦会議をし、毎日、学校のスキマ時間でできるトレーニングを開発しました。「作戦マンたいそう」というタイトルのこの体操は、先生が毎日手間なく繰り返し続けていきやすいように、動画にまとめ、スキマ時間に教室で流してもらえるようにセッティングをしました。

1か月ほど続けてもらい、児童たちは姿勢の保持機能が延び、呼吸が整ってきました。そして、授業に集中して参加できる時間が延びていきました。多くの児童たちが成長したことで、より丁寧な個別配慮が必要な児童たちを見つけることもできるようになりました。

　担任の先生は、「作業療法士と話すことで、いままでの自分になかった新しい視点に気づくことができた」と語りました。クラスの児童たちをまとめていくのに、ただ教えていけばいいのか、繰り返していけばいいのか、悩み続けた日々を振り返り、作業療法士の視点は「助かる」と話してくれました。

■ 作戦マンたいそう

(3)「図書く作戦」

　ある小学校2年生の女の子のお話です。Aさんと出会ったのは2年生の2月でしたが、なかなか算数の繰り下がりの計算（3桁−2桁　例：278−

89)が習得できずにいました。それまで、担任の先生も通級教室の先生も何度も彼女と一緒に練習しながら、繰り下がりの計算の習得を目指していましたが、なかなかうまくいかず、やればやるほどに混乱してしまうという状態でした。

通級の先生とAさんとCO-OPアプローチを行いました。CO-OPアプローチは教えるのではなくて、児童の能力を引き出すために、さまざまなことを質問していきながら、本人の気づきを促していくという特徴があります。

Aさんに「いつもどういうふうに計算をしているの？」と聞くと、実は、指を使いながら数えていくということが明らかになりました。「でも、数字が大きいと指が足らないよね？　どうしよう？」と、Aさんと作戦会議を繰り返していった結果、彼女が編み出したのが「図書く作戦」でした。

「図書く作戦」は、頭の中で繰り下がりなどの数字を取り扱うのではなく、計算に必要な数の分、紙に丸を書き出し、引く数を大きいな丸で囲み、残った数を数えるという作戦です。

この「図書く作戦」というのを試したところ、今まで繰り下がりのたびに

間違えていた引き算の計算をすべて、正しくできるようになりました。いまは3年生になり、3桁と3桁の足し算、引き算を習っていますが、それらもすべてこの方法できるようになったそうです。

　彼女自身もこのアプローチを通して、算数に自信がついたと語りました。

　そして「算数は伸びたけど、身長は伸びなかった！」とつぶやき、3人で笑いました。

（4）どんな自分になりたい？

　ある小学校4年生の女の子のお話です。彼女はあまり勉強が好きではありませんでした。授業もなんとなく受けているふり、宿題もしません。彼女のお母さんは「何とか勉強するようになってほしい」と願っており、先生も「話を流さないで、授業を真面目に受けてくれるといいな」と考えていました。

　学校作業療法室ではまず、彼女と一緒にお話をするところから始めました。「あなたはどんなことが好きなの？」「どんな夢があるの？」とたずねると、「SNSが大好き」と言いました。特にダンスやメイク、おしゃれな着こなしに関する動画が大好きでよく見ているそうです。そして将来は「アパレルの店員として働きたい」と話してくれました。

そこから学校作業療法室では、彼女の将来の夢に向かって、どういう準備が必要なのかというのを、彼女自身がイメージしやすいようにイラストでおしゃべりする作戦を思いつきました。カリスマ店員になるためには、どんなことができるといいの？　店員となるためにはもちろん、おしゃれも大事だけれど、レジが打てたり、お客さんの対応ができるように勉強も大切だよね！というメッセージを載せ、イラストを指差しながら、学校の先生とご家族とでおしゃべりできるよう手渡しました。
　彼女は勉強が少しでもできるようになりたいと語り、授業に積極的に参加することが増え、わからないところは個別に自分から先生に聞くことも増えました。

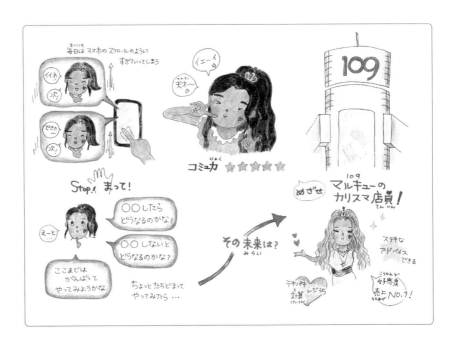

3 学校作業療法室の基盤となる理論

　学校作業療法室は、児童の「できた！」を実現するための実践テクニックの「CO-OPアプローチ」に加えて、作業療法サービス提供モデルとして「P4C」、そして作業療法士がクライエントと協働するためのモデル「つながりのアプローチ」を用いて実践しています。以下にその2つのモデルを紹介します。

（1）学校全体がクライエント―Partnering for Change（P4C）

　P4Cは、すべての児童が学校生活に参加するための、作業療法の提供モデルです。モデルの図は、サービスを取り囲む円形と三層からなる三角形を組み合わせたものです。円形は、学校という舞台に登場する教員／児童／保護者／作業療法士の4者のコラボレーションを表しています。
　三角形は、学校全体に対する介入から個別介入まで、さまざまなレベ

■ 学校作業療法室の全体像

生徒も教員も家族も
みんなの「作業適応」を実現するモデル

配慮
- 各種相談
- 児童／保護者／教員／作業療法士／行政での作戦会議

多様性に応じた指導
- 児童たちとのワーク
- 作戦に関するイベント
- 個別や昼休みの作戦会議
- 通級教室でのCO-OP

学習のためのユニバーサルデザイン
- 教員との勉強会
- 作戦マンTVの放送によるイメージづくり
- 保護者との勉強会
- クラス単位のプログラムづくり

ルのサービス提供を表しています。これはニーズに応じた段階的なアプローチとなっており、ニーズを早期に発見することも含め、支援が必要な児童に必要なだけ提供できることを想定しています。つまり、従来、行われている「問題が生じるまで待っている」消極的な支援から、予防も含め「積極的に働きかける」支援を目指しています。

以下に、それぞれの段階について説明します。

▶ 第一段階：学習のためのユニバーサルデザイン

学習のためのユニバーサルデザインは、「すべての児童にとって役に立ち、一部の児童にとって必要不可欠な支援」です。飛騨市の学校作業療法室では、作戦の重要性を全校児童に伝える「作戦マンTV」や「クラス全体に対するプログラムの提供」などを設けています。

▶ 第二段階：多様性に応じた指導

多様性に応じた指導は、第一段階を実施しても、同年代が実施可能なレベルの活動の実施が困難な小集団に目を向けます。つまり「小グループに対するより丁寧な支援」です。飛騨市の学校作業療法室では、「児童たちとのワーク」や「通級教室でのCO-OPアプローチ」などを設けています。

▶ 第三段階：配慮

配慮は、第二段階を実施しても、困難さを示す児童が集団内にいる場合に実施される支援です。これは「より個別性の高いニーズに応える」という段階で、学校活動自体や環境の変化を伴う支援を検討することになります。全体で実施する活動の難易度を下げることや学習環境の変更

も検討する必要があるでしょう。そのため、先生や保護者、児童たちからの個別の相談などが該当します。

学校作業療法室では、学校全体という組織レベルから、児童という個人レベルまで幅広く対応しています。より詳細に言えば、クラス全体に向けたサポートで十分な児童から、自身の可能性を最大限に引き出すために発見された作戦を必要とする児童まで、すべての児童のニーズに応じたレベルで支援を提供するモデルです。

(2) つながりのアプローチ Making Connections Approach

つながりのアプローチは、人々のWell-beingやより公正な社会の構築のために、時間的側面（児童の人生、学校や地域の文化など）あるいは、空間的側面（児童、保護者、教員、クラス、学校、行政など）に作業療法士がつながるための指針です。時間の流れは刻一刻と刻まれているこの世界および人々の人生、そして社会において、

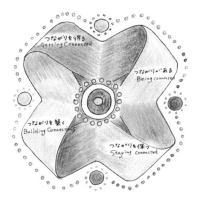

つながりのプローチの枠組み

始まりもなければ終わりもなく、その状態は複雑で変化していくものです。そのようなものに対峙するためには、サイエンスだけでなく「アート」の部分をもつ必要があり、つながりのアプローチはそれを引き受けます。

時間的側面を考えてみましょう。例えば、P4Cの第三段階の配慮においては、より個人的な実践が必要となります。これは学校教育という、

ある種の全体的視点が求められる場所において、別の視点やモデルをもたなければ対応できません。つながりのアプローチは、児童がこれまでに紡いできたストーリー（人生）を中心に置くためのモデルです。それは支援する前から児童のストーリー（人生）は始まっていて、支援が終了した後も児童のストーリー（人生）は続いていくという連続性を重視しています。この連続性を重視するためには、いかにして児童を既存のサービスに適合させるかではなく、いかにして支援者や学校が児童に適合するかに焦点が当てられます。そのためにも、児童と深くつながり、児童を理解していくことが重要でしょう。

次に空間的側面を考えてみましょう。1人の児童を支援するためには、さまざまな人の協力を得る必要があります。つながりの輪が広がることで、やっと1人の児童を支えることができるのです。なぜなら、自律というのは「依存先が多い」状態を指すからです。決して、誰からも支えられることもなく生きるということではありません（この状態は孤立とも言えます）。

時間的・空間的側面で作業療法士とクライエントがつながることができたとすれば、その関係は途切れないことを象徴するように、モデルは円環的な図となっています。この円環は4つの原則に支えられており、以下にそれらを説明します。

【原則1：つながりを得る Getting Connected】

まず、作業療法士がクライエントの目標を達成するためには、クライエントはもちろん、関係するさまざまな方とつながりを得る必要があります。学校作業療法室においては、教職員、保護者、教育委員会、行政

などが含まれます。単なる「部外者」では、それぞれとつながることはできません。信頼関係の構築のもと、学校の「内部関係者」になることでより深いつながりが得られるわけです。学校の外から作業療法士が訪問するのではなく、「学校作業療法室」として学校の中にあることで、より深く「つながりを得る」ことができるのです。

【原則 2：つながりがある Being Connected】
　次に、児童・保護者・教員とつながっている状態にプロセスを進めます。クライエントの価値観や優先事項を尊重した方法でつながることが必要です。ここでは決して専門家主導の関係性になってはいけません。同じ目線で、それぞれのストーリーを共有しながら、共に目標達成に向かう協働的パートナーシップの関係性を築くことが重要です。クライエントの語りに耳を傾け、一つの目標にまつわることから、これまでの人生から紡がれること、さらにはそのコミュニティ（学校）で培われてきた歴史や文化に至るまで、クライエントの文脈を共有することで「つながりがある」状態になるのです。

【原則 3：つながりを保つ Staying Connected】
　つながりが確立できれば、具体的な行動（評価・介入）を実施していきます。学校作業療法室では、児童との作戦会議、教員とクラスの環境を調整する、保護者と家庭内での工夫を進めるなどがあげられます。それぞれのニーズはダイナミックに変化していきます。そのため、学校の中に学校作業療法室があることによって「つながりを保つ」ことができるのです。

【原則4：つながりを築く：Building Connections】

　つながりを得て、つながって、つながりを保ち続ける間においても、作業療法士は他のつながりを築き続ける必要があります。学校の中だけで解決できることもあれば、解決できないこともあります。解決できない場合は、さらにつながりを広げ、飛騨市地域生活安心支援センター「ふらっと」（飛騨市総合福祉課の中にある総合相談チーム）に協力を仰いだり、ときには地域の放課後等デイサービスなどの事業所を巻き込み、包括的なアプローチを展開します。もちろん、このような福祉以外にもさまざまな「つながりを築く」ことで、時間はかかるかもしれませんが効果的な支援になるでしょう。

4　つながる学校作業療法室

　人生は、長い一本の線でつながっています。保育所から小学校、中学校、また高校から就労など、それぞれのライフステージへの移行にも学校作業療法室は関わります（次ページ図参照）。前の場所で積み重ねてきたこと、うまくいったことが、次の環境でも活かされ、新しい生活へ適応していくために、情報の移行や環境の調整などを行うこともあります。

（1）先生や保護者とつながる

　学校作業療法室では、作業療法室の活動を紹介するとともに、学校の先生、あるいは保護者とより連携がとりやすくなるよう、いろいろなワークショップを開催しています。

■ 作戦会議でつながる　保育所から就労まで

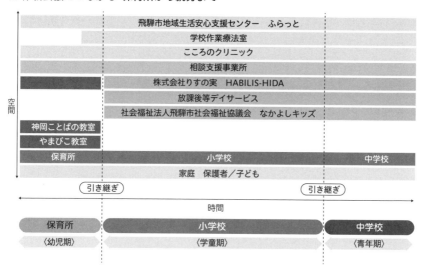

　ワークショップとして行っている内容は大まかに4つです。1つ目は失敗を楽しむ、考え方を身につけるプログラム「CO-OPアプローチ」、2つ目は児童が自身の個性に気づくプログラム「自分研究」、3つ目は児童と大人の信頼関係を築いていくためのプログラム「CAREプログラム」、4つ目は発達検査などの検査結果を学校生活、あるいは家庭生活の中で活かしていくための、「検査の読み取り方のワークショップ」を行っています。

　このように教員や保護者と専門的な知識をわかりやすく共有していくだけでなく、ワークショップを通してコミュニケーションをとっていく

ことで、作業療法士という専門家をより身近に思ってもらえるように働きかけています。

　また、教員・保護者のお悩み相談という形で、教員や保護者から個別の相談も受けています。それは児童の様子を見ていて、困っていることがあるから何とかししたい、という困りごとからスタートする場合もありますし、頑張っているあの子をもっと手助けしてあげたい、よりよいサポートをしたいという願いからスタートする場合もあります。

　相談を受けた時には、実際の児童の様子を観察しに教室へ行ったり、時には個別の時間をもらい検査をしたり、児童本人と直接お話しすることもあります。

> **特別支援コーディネーターの教員の語り**
>
> 　私たち教員は保護者と話すときに、どうしても1対1の関係、対立してしまいやすい関係にあります。その関係の中に作業療法士がいることで、3者の関係、1対1の線の関係から、3人の面の関係になることができます。そうすることで話せる内容が変わり、話し合っていくという関係を築きやすくなります。
>
> 　どうしても1対1の関係だと意見の言い合いになってしまったり、保護者の言うことを受けとめなければいけなかったりしますが、作業療法士という学校とも異なる別の専門家が間に入ってくれることで、ご家族と学校の関係が対立してしまうことなく、逆にチームとして一緒に児童のことを考えていけるようになります。
>
> 　そんな関係がつくれることで、先生の気持ちが楽になったり、負担が少なくなったり、ご家族と話し合いたかったことが話せるようになったりするなどの、変化が学校の中で起きています。

学校作業療法室では、教員、保護者、時には児童本人も一緒に参加してもらい話し合いをしながら、今後の学校生活の工夫や生活の仕方など、生活全体のデザインを一緒に考えていきます。

(2) 児童とつながる

　児童たちとも同じように授業の時間を借りて、さまざまなワークショップを提供しています。

　保護者や教員との勉強会と共通しているのは2つあり、1つ目は失敗を楽しむ考え方を身につけるプログラム「CO-OPアプローチ」、2つ目は児童が自身の個性に気づくプログラム「自分研究」を行っています。他にも児童が自分自身の取り扱い方を考えるプログラムとして「マインドフルネス」の練習を一緒に行っています。

　ときには作業療法士が通級指導教室（通級）にて、通級を利用している児童と通級担当の教員とともにCO-OPアプローチを行います。通級で個々の児童が目標としていることを中心に、その目標がどうすれば達成できるのかという作戦会議を3者で行います。

　特に通級で行うことのよさは、学校生活に直結していることであり、

実際の学校生活へのポジティブな変化を起こしやすいことにあります。現在は読み書き学習に関すること、友達関係のこと、持ち物管理など自身の生活に関することなど、さまざまなことに対して、通級を通してアプローチを行っていくことができています。付け加えて言えば、ポジティブな変化は通級で起こるだけでなく「通常学級」でも起こることが必要です。これについては、「目標・作戦」という共通言語を用いて、関係する人々が関わることで実現することがわかってきました。

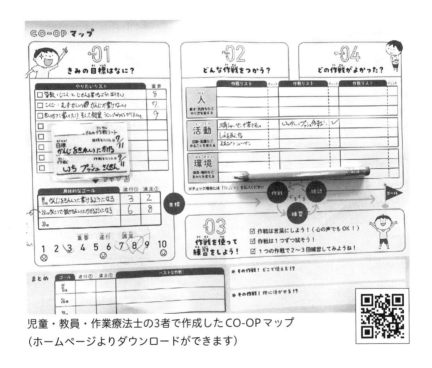

児童・教員・作業療法士の3者で作成したCO-OPマップ
（ホームページよりダウンロードができます）

児童たちから個別に作戦会議をしたいという要望がある場合があります。たとえばお小遣いをもっと上手に貯めるためにはどんな作戦が考え

られるだろう。給食をもっと早く食べるためには、どんな工夫ができるだろうというような内容です。

（3）海を越えてつながる

　学校作業療法室がこのような活動内容とシステムになったきっかけは、アメリカの学校作業療法の仕組みを参考していることが関係しています。学校作業療法室を飛騨市において展開したことが縁となり、アメリカのベテラン作業療法士ともつながり、いろいろな学びを得ました。

　アメリカでは学校作業療法がIDEA（障害者教育法）という法律のもと、非常にシステマティックに運営されています。

　アメリカのすべての小学校／中学校／高校には作業療法士が1名専属で配置されています。そして、他にも理学療法士／言語聴覚士／心理士／特別支援教育について特別な学習を受けた専門の教員も1名ずつ配置され、それぞれの専門家がチームとして1人の児童に関われるシステムが組まれています。

　それぞれの専門職の役割は、法律によって厳密に区分されており、作業療法士は主に児童の日常生活スキル／感覚特性に対するサポート／書字に対してアプローチを行うという役割が与えられています。対象となる児童をチームで、効率的かつ合理的にサポートするための厳密な役割と提供システムが組まれていることが、アメリカの学校作業療法の特徴です。

　しかし、このシステムはアメリカという大国で、専門家を各学校に配置できるだけの豊富な予算があるために実現可能なシステムです。このシステムは特別支援教育の理想の一つの形かもしれませんが、これを日本で実

日本初！学校作業療法室 3

アメリカの学校にある作業療法室の様子。さまざまな種類の椅子など環境調整のためのグッズが並んでいる。

児童が過ごす教室には、自己コントロールの作戦など、さまざまな場面に合わせた作戦が掲示されている。

現することは、制度と予算の壁が非常に高く現実的ではありません。

5 学校作業療法室のむかう未来

(1) 飛騨市の学校作業療法室の強み

飛騨市の学校作業療法室の最大の特徴は、学校全体をクライエントとしていることです。そのクライエントには児童だけでなく、先生やご家族も含んでいます。診断の有無や障がいの有無に関わらず、どんな人へでも積極的に関わっていけるのが学校作業療法室の特徴です。

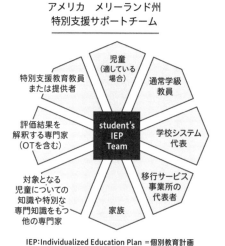

IEP:Individualized Education Plan =個別教育計画

アメリカは潤沢な予算の中で、多くの職員や専門家が一人の児童についてチームを組み特別支援を行う。
作業療法士は対象児の書字・生活スキル・感覚調整の部分に関わる。
各専門家の担当領域を決めることで、チーム内での役割を明確にしている。

飛騨市は専門家のメインとして作業療法士・言語聴覚士・臨床心理士が学校に在中する。対象は学校全体であり、診断の有無に関わらず、さまざまな角度から児童に関わっていく。
調べた範囲で、世界で他にないほど教員と専門家のコラボレーションモデルとして自由度が高く、かつ低予算である。

また、日本におけるこのモデルの最大の強みは、作業療法士を1人配置するだけで、学校全体／クラス単位／個人へと階層的にアプローチすることができ、結果として低予算で運用できることです。

私たちの描く未来は、飛騨市における学校作業療法モデルが各自治体で取り入れられ、学校作業療法室が日本全国の学校にあたりまえに設置されていくことです。多様性あふれるクラスづくりが実現され、作業療法士が先生や児童、家族や地域の人の中でかけまわっている未来はすぐ近くまできています。

6 作戦マンが見ている風景

「古小ライブ」のあと、作戦マンを一緒に盛り上げてくれた校長先生が感想を寄せてくれました。

> 作業療法士が学校に入り、当初は予想もしていなかったことが起きています。
> 児童たちが、なんでもやってやろうという文化がひろがっています。
> ある子は作業療法士のように相談にのれるようになりたいと言って、なんでも健康相談ブースを開きました。
> そこへ先生が相談にいって、児童たち

目標を達成した校長先生と作戦マン

のアドバイスを聞いて、大人が号泣して帰ってきました。

　私自身も、冬の運動不足をどう解消したらいいかと打ち明けたら、冬はそのままでいいとか、家の中で何ができる？とコーチングされました。

　児童たちが教育される存在ではなく、学校運営のパートナーのような存在になってきているのです。

「学校作業療法室」は学校に少しずつ根づき、今では児童たちの間で、自分の目標に対して作戦を立てるということは日常的なことになり、自分で考え、自身のやりたいことを実現していく児童たちが、どんどん増えていっています。

〈参考文献〉

1) 塩津裕康（著）：子どもと作戦会議CO-OPアプローチ入門．クリエイツかもがわ, 2021.
2) Rodger S, Kennedy-Behr A（著）塩津裕康・三浦正樹（監訳）：子どもと作業中心の実践OCP—作業療法実践ガイドブック．クリエイツかもがわ, 2023.
3) Polatajko HJ, Mandich, A（著）塩津裕康・岩永竜一郎（監訳）：子どもの「できた!」を支援するCO-OPアプローチ—認知ストラテジーを用いた作業遂行の問題解決法．金子書房, 2023.

Part 4 飛騨市まるごと作業療法室

▶ 特定非営利活動法人はびりす
代表理事・作業療法士
山口 清明
Sayaka Yamaguchi

① つみほろぼし

　よいことをして過去の罪の埋め合わせをすることを「つみほろぼし」といいます。私は「つみほろぼし」がしたくて作業療法士（OT）になりました。

　私はかつて、自分をコントロールする術をまったくもっていなかった子どもで、母は私を育てることの大変さからノイローゼになってしまいました。ある夜の場面を今でも覚えています。母は六甲アイランドの埠頭に私を乗せた車を停めて、「私の産み方が悪かった、このまま

車ごと飛び込めたらどんなに楽だろう」と言って泣いていました。

　母親の横顔を見ながら「生まれてきてごめんなさい」と、心の中で何度も繰り返していました。母親とのことはいまだにトラウマで、私の中ではまだ解決していません。私の永遠なる旅路は、そこから始まりました。

（1）障がいに焦点を当てた作業療法から、やりたいことを叶える作業療法実践へ

　私は32歳で作業療法士になりました。岐阜県の関ヶ原町立関ケ原病院（国保関ケ原病院）に就職したときに、新卒で作業療法室の開設も任されました。先輩作業療法士もおらず固定概念に縛られることなく、自分でゼロから作業療法の業務フローをつくり奮闘する毎日を送っていました。

　90歳の女性の座位保持訓練をしたときのことです。講習会で学んだハンドリング技術を駆使して、うまく座位がとれ、病室におけるスプーン操作が自立したと思っていましたが、次の日病室へ迎えにいくと女性は亡くなっていたということがありました。

　また、担当した子どもが目のコントロールがよくなったら「姿勢をよくしてください」と請われ、姿勢がよくなったら「手先を器用にしてください」、手先が器用になったら「親子関係を改善してください」と望まれ、終了すると「山口先生に切られた」とクレームになったりしました。

　感覚統合の認定講習会をすべて受講して感覚統合療法の評価や分析、治療技術を極めたはずでしたが、生活をよくすることには貢献できていないということが私の悩みでした。

　病院という大きな組織の中で、私が学んできた作業療法の理論と、医師の処方のもとに行う作業療法との間で、たくさんのジレンマを抱え行

き詰まった私は、学び直しが必要だと思い、神奈川県立保健福祉大学の大学院の社会人枠に入学し、作業療法士のレジェンドといわれる長谷龍太郎先生に弟子入りしました。

質的研究のスペシャリストでもある龍太郎先生の言葉の中に次のものがあります。

長谷龍太郎先生

「外から子どもと家族を観察するのではなく、作業療法の実践という同じ物語の中で自分たちを見つめる」

こうした教えがターニングポイントとなって、私の作業療法が進化していきました。外来に来る子どもたちの生活場面を直接観察評価する目的で、併設の保健センターで健康診断に入ったり、保育所・幼稚園・小学校を回ったりして、病院と町を行き来するようになりました。

自閉症の子どもが絵カードを使って、大人の期待する順番通りに課題をこなしてくれるようになっても、その子どもが成人して作業所に入ると、その頃になって遅れて自我が成長してきて「あのカードの使われ方が嫌だった」と、絵カードで指示する支援者を暴行してしまうといったような事例に出会うことはめずらしくありません。

脳性まひのような究極の慢性疾患を抱えた方にとっては、ほんのいっとき立ったり、歩いたりができるようになったとしても、人生のほとんどを身体機能の低下していく時間を過ごさなければいけないのです。そのようなときにいったい、何ができるでしょうか。

「山口君、障がいとともにいきいきと生きることを叶えるのが作業療法だよ」

私は、「これだ！」と思いました。

医療という文脈の中では、保護者の主訴に基づいて子どもの訓練をしていても、その実践が未来につながるものではないことがあります。なぜ、こういうことが起きるのか。それは、医療というシステムの中で、障がいに焦点を当てた作業療法計画にもとづいた実践をしていたからだと考えました。

大学院で研究をして知ったことは、障がいを減らすための実践ではなく作業に焦点を当てた実践を行い、障がいとともにやりたいことをできるようにお手伝いすることが未来につながる実践であるということでした。

こうした学びをしていく中で、医師の処方にもとづいてではなく、子どもや家族の「これをやりたい」という願いにもとづいた作業療法を展開したい、と強く考えるようになりました。折しも国保関ケ原病院が財

■ 作業に焦点を当てる福祉事業所を大垣市に開設（7年前）

これまでの療育　問題解決型リハビリテーション

これからの療育　自己実現型リハビリテーション

政難で閉院したため、リハビリテーション科の有志で、作業に焦点を当てる NPO 法人を岐阜県の大垣市に設立し、児童発達支援と放課後等デイサービスの事業所を開設しました。2017年のことでした。

(2) 社会の側を整える社会作業療法

　私たちの作業療法を卒業した子どもやお母さんたちの、その後を追いかけていくと、大人になって引きこもりになった人や、メンタルを崩して亡くなってしまったお母さんもおられました。子どもやご家族の社会参加を豊かにするということを追求していく中で、作業療法だけでは突破できないことがたくさんあると思い知らされました。

　私や私の家族、周囲の大人はどうだったでしょうか。私のこれまでの物語を、リッチピクチャー（Rich Picture）という質的研究法で使われる

■ さやかくんの Rich Picture

手法で描き、私に関わる人たちのそれぞれの物語の交錯を俯瞰していくと、いろいろな視点に気づきます。

　幼い頃の私は、すごく多動で情緒の変動が激しい子どもでした。毎日のように、カエルやカメを泥んこになりながら追いかけ、「田んぼあらし」というあだ名がつき、農家の人から鎌を持って追いかけられるような悪ガキだったのです。就学以降は、ケンカをしたり事故にあったり、警察沙汰になることもありました。

　アスペルガーの父は、そんな私をよくゲンコツで殴りました。父も、父の母の再婚相手の義父によくゲンコツで殴られて育ち、いま思えば、それは父が学んだ子どもに対する愛情の示し方だったのかもしれません。

　もともと"お嬢さま"育ちでなんでも優秀にこなす母は、そんな父と結婚して人生で初めて「うまくいかない子育て」に苦しみました。

　生き物を追いかけることに集中しすぎた私は、毎日のようにウンコをもらしていたのですが、幼稚園の先生たちは汚れた下着を変えながら、「さやかくんはかわいいね、将来は先生と結婚してね！」とかわいがってくれました。私のいいところを見てくれたのです。こうした記憶は私の心の奥底に残り、作業療法士になった今、保育園の訪問で関わる先生たちへのやわらかい気持ちが湧き上がります。

　父は定年退職後に癌を患い、亡くなるまでの間、私は父の世話をしなければならなくなりました。父は私を非常に頼

■ 45年かかって親子になった物語

り、私は父に素直に「あのときはごめんなさい」と謝りました。父は「子どもたちのなかで、お前だけが親孝行だ」と喜び、終末期はとてもいい親子関係でした。私と父は45年くらいかけてようやく仲のよい親子になれました。

「多様性の時代」といわれる現代で、親が親になり、子が子になり、親子になり、家族になっていくことは、非常に道を見失いやすく試練の連続です。生物的に命をリレーしていくのと同時に世代間の継承という意味では、文化的に過去を遡っていかなければならないからです。

そのなかで、障がいのある子どもを育てるときに、障がいを治すという視点も大切ですが、障がいがあっても自分らしい存在でいられるという視点をもって家族全体をリカバリーしていくことが必要です。そのためには社会の側が、それが受け入れられるように整える社会作業療法の実践も必要だ、ということを発見しました。

■ 親が親になる　子が子になる　親子になり家族になる

私たちは社会作業療法をやるために積極的に活動しました。ある地域では、どんなによい実践を積み重ねても、行政や教育委員会の担当課を越えて連携をすることは混乱を招き、実践をするにあ

■ 理想と現実のギャップ「100年はかかる」

たり強い抵抗を示されることも少なくありませんでした。福祉領域の制度を越えて対応しようと思っても、お金が出ないことを続けていけるほど私たちも資金がありません。私たちの実践したい作業療法を行うことは、行政にとって新しいことを立ち上げることと同じであり、現在の仕組みを変え、行政文書を書き直す必要があったのです。

社会作業療法を実現したいという理想と、公的機関の縦割りを超えた実践を始めることが簡単にはいかないという、現実の高い壁を越えるには100年以上かかるのではないかと、途方にくれてしまいました。

(3) 憧れだった都竹淳也さん

国保関ケ原病院時代に、当時、岐阜大学大学院医学系研究科障がい児者医療学寄附講座の特任准教授だった西村悟子先生と岐阜県障がい児者医療推進室長の都竹淳也さんが作業療法の視察で来院され、自己実現型リハビリテーションの説明をさせていただく機会に恵まれました。

作業選択意思決定支援ソフト（ADOC）を使って、言葉を話せない子どもがイラストを使ってやりたいことを決め、憧れている女子を誘って

キャンプの計画を立てている事例や、重度心身障がいの子どもたちがスパイダーという道具を使ってサンバを踊る事例、強度行動障害の自閉症の人が、スヌーズレンルームの中でセルフメンテナンスを行い、日常生活をコントロールする事例などを紹介しました。そうした道具や事例、実践の理論を、いままで会った誰よりも興味をもって「おもしろい」と感動し喜んでくださったのが都竹さんでした。

　これまで医療の中で、実践を始めてさまざまな障壁や抵抗に会い、心が折れかけていた時でもありましたが、都竹さんは「どんどんやろう、迷わずにやろう、全部やろう」と、私たちを勇気づけてくれ、私たちはすっかり都竹さんの大ファンになりました。

　2016年NPO法人はびりすを設立し、福祉事業所の開設準備に奔走する最中、都竹さんが飛騨市長選挙に出馬され無投票で当選されたことを知りました。

　市長の当選パーティーにはびりすの副代表である鹿野昭幸理学療法士と参加したときに、「ゆりかごから墓場まで、人の一生涯を応援できるような社会作業療法がやりたい」と都竹市長に打ち明けました。都竹市長が、私たちはびりすが飛騨市に進出して思う存分やるか、鹿野が関ヶ原町長選に出るかというような話を笑いながらされ、鹿野は政治家の握手の仕方を都竹さんと何度も練習して、大笑いしながら盛り上がっていたことを思い出します。その時の都竹市長の話はリップサービスのようなものだったかもしれません。けれども市長の言葉は、私たちにとって「天の声」そのもので、繰り返し夢にまで出てくるほどでした。

　その後、飛騨市の福祉課の職員が見学に来たり、青木陽子さん（現・飛騨市地域生活安心支援センター長）が私の保育園訪問に同行したりし

ました。「山口さんの哲学を継承した作業療法士を、誰か一人送ってほしい」と飛騨市から電話があったときには、「それ、私ではダメでしょうか？ぜひ私にやらせてください」と即答しました。NPO法人はびりすの外部理事からは「行ってどうするのか」「何ができるの？」「ずいぶん衝動的なのではないか」といった声もあがりましたが、私の野生的な直感が、この千載一遇のチャンスを逃してはいけないと、私の意識に強く訴えていました。

飛騨市とはびりす本社のある大垣市は150キロ以上離れ、車で2時間半ほどかかる遠隔地ですが、2019年に私がまず大垣と飛騨の行き来をはじめ、その翌年7月に飛騨市にHABILIS-HIDA（支店）を開設しました。

飛騨市に移住したその時から縦割りの障壁というものを感じたことがありません。「障がいの有無を超えてアプローチできる学校作業療法室を創るのが夢です」と提案してから、スタートアップするのに1年もかかりませんでした。障がい福祉にかかわらず、あらゆる分野でイノベーショ

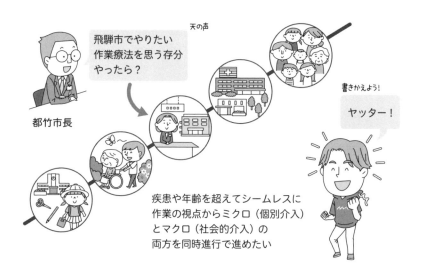

ンが毎日のように起きていて、ここはシリコンバレーかと錯覚してしまうようなスピードで願いが実現していきます。

2 神話の構造「モノミス」

（1）ヒーローズジャーニー

聖書や日本昔ばなしなど世界中の本は、ある同じ物語の構造でできています。アメリカの神話学者ジョーゼフ・キャンベルは『千の顔をもつ英雄』という本の中で「神話の基本構造」と呼んでいます。大学でジョーゼフ・キャンベルの授業を受けた映画制作者ジョージ・ルーカスが、神話の構造をヒントにスター・ウォーズシリーズを大ヒットさせたことは有名な話ですが、『千の顔をもつ英雄』は初版刊行から60年以上経った現在も多岐にわたるジャンルのクリエイターたちに直接的にも間接的にも

多大な影響を与え続けています。

　神話の原形を使って、クリエイターたちは人類が普遍的に希求する「魂の成長」を物語（ヒーローズジャーニー）として描くとベストセラーになります。『ドラゴンボール』（鳥山明）の「サイヤ人」が「スーパーサイヤ人」になるなどもそうです。主人公が障壁に出合い、それを乗り越えて進化していく「モノミス」の構造を使った物語の展開となっています。

この物語に登場する人物のキャラクターにも一定のパターン（人類に共通する心の動き方のパターン）があって、キャロル・S・ピアソンによると、世界は12人のキャラクターで構成され、物語が展開されていると論じられています。

　NPO法人はびりすは要領のよくない凸凹セラピストの集まりです。理事4人を取り出してみても、多動で情緒のコントロールが難しい作業療法士、代表の山口清明は『反逆者』のキャラクターで、既存のルールを壊すことに一生懸命です。おおらかでこだわりのない理学療法士、副代表の鹿野昭幸は『お世話屋さん』で、自分の自我を通すより、がんばっている誰かを応援するのに一生懸命です。繊細で絵を描くことが大好きな言語聴覚士、山口静香は組織の生産性よりも人間関係の潤いやつながり、共鳴を重視する『恋人』です。オタクでこだわりが強く文献を集めるのが好きな作業療法士、奥津光佳は知恵を誰もが使えるマニュアルに起こすことに喜びを感じる『一般庶民』です。

　『反逆者』の山口（清明）は、飛騨に飛び込んだり、学校作業療法の扉を開いたり、新規フィールドを開拓する時のスリルを求めて一見過激な行動を起こしますが、一度、道ができたその瞬間から飽きて、その先をやろうとしません。『一般庶民』の奥津は、開かれた道を一般化し、反復し続けることに快感を覚えます。この2人の合理的で殺伐とした取り組みに潤いを与えたり、気持ちの振り返りを促すのが『恋人』の山口（静香）で、こうしたNPO的な展開に必要な土台となる組織を地味にコツコツと支え続けているのが『お世話屋さん』の鹿野です。

　発達の凸凹したキャラクターが集まりチームを組んで、ケンカしたり仲直りしたりを繰り返しながら集合知性を発揮し、何度も立ち塞がる社

■ 12アーキタイプ

会的課題を乗り越える。そして進化を繰り返しながら、お互いの魂を磨き合い成長していく。それが私たちのヒーローズジャーニーです。

　私たちチームの発達がヒーローズジャーニーであると同様に、私たちが関わっている子どもやご家族も同じように物語の構造を生きています。一生涯続く冒険物語を通して、魂の成長を応援していくのです。

(2) 沼地問題

　健診で「激しく泣いてそりかえる」「言葉が出ない」「ハイハイしない」「まだ歩かない」といった、正常発達指標に対する遅れが指摘され、「こうしたらここが育つよ」といった、具体的な進化の手立てが示されないことはよくあることです。もう少し経つと「体幹が弱い」「コミュニケーションが苦手」「情緒が不安定」「目が合わない」などの保護者や支援者の主訴に対して、療育が紹介されたり、作業療法をすすめられたりします。

　療育を受けても受けなくても、自然な発達の過程で、こうした問題が自然と消えていく子どもたちもいれば、療育を受けても、こうした問題が強く残り続ける子どもたちもいます。やってみないとわからない、もしくはそれがいつ解決するのかの見通しが立たないお困りごとを、私たちは「沼地問題」と呼んでいます。

■ 共同養育環境を失った現代のお母さんたちの三大悩み

沼地問題は人生の大切な時間をあっという間に奪っていく！

私の母は医療に救いを求めても、訪問販売で高価な教材を購入しても、いっこうに落ち着かない私の衝動性に苦しみ、「私の産み方や育て方が悪かったのだ」と自分を責め続けて、子育ての大半の時期を終えてしまいました。わが国の医療や福祉は、この沼地問題に丁寧に寄り添い、結果として混迷を深めてしまうような事例にあふれているのではないかと思います。沼地問題はwell-beingの対極にあるといえ、もがけばもがくほど深みにはまり、人生の大切な時間をあっという間に奪っていきます。

　人生は長く続く旅のようなものです。旅に地図は必須です。行き先をセットせず、地図を持たずに知らない世界に旅に出れば、必ず遭難してしまいます。一度高度を上げて、沼地を出て歩く経路を俯瞰してみる必要があると思いませんか。

3 飛騨市の具体的な事例から（『発達の地図®』より）

(1) 1歳児健診：目が合わない

〈Before〉 元気な男の子が生まれて、会社を経営している主人といっしょに、跡取りができたと喜んでいたのも束の間、なんだかうちの子、様子が変だな、と思い始めました。

話しかけてもまったく反応しないし、あやして見つめて

も笑いません。身体は元気で、寝返りやハイハイなどは、ほかの子以上に順調でしたが、私のことを見向きもせず、ずっと機関車のキャラクターのおもちゃを並べて遊んでいました。

「もしかしたら、この子は自閉症で、私がママであることさえわかっていないのかしら」と気持ちが真っ暗になり、毎晩「どうして私を見てくれないの、私の育て方がいけなかったのかしら」「もう、子育てには自信がない」と落ち込む日々が続いていました。子どもはたくさんほしいと夫婦で話していましたが、そんなことも考えられなくなってしまいました。

↓

↓

〈After〉「息子の見ている世界をいっしょに見てみよう」と思い立ち、私も機関車のキャラクターのおもちゃを並べてながめてみたり、そのキャラクターのシールを貼ったりして遊びました。すると息子がそのシールをじっと見つめるので、インドの人のビンディみたいに私の眉間にそのシールを貼ってみました。すると、息子が私の顔を見たんです！ そして私が笑うと息子もゲラゲラ笑い、すっかりうれしくなりました。息子

と通じ合う方法はたくさんあるんじゃないかと考えるようになり、私のメモ帳には試してみたいアイデアがいっぱいです。

「また、障がいがあったらどうしよう」と思ったりして、次の子を授かることに躊躇していた私ですが、もう一人子どもを授かりたいという気持ちも芽生え、夫といっしょに、これからの人生を家族で前向きに歩いていきたいという気持ちになりました。

　この事例のポイントは、「私と目が合わない」という沼地問題を、「機関車のキャラクターを見ることを通して、コミュニケーションの楽しい世界を広げていく」地図に描き換えたことです。

(2) 4歳：落ち着きがなさすぎる

〈**Before**〉　うちの子はウルトラ多動。まったく私の言うことなんて聞きません。今日も保育園で問題を起こし、先生に注意されて帰ってきました。私は仕事でも責任のある役職につき、家に帰ればバリバリ家事をこなすシングルママです。なんとか

私の手で息子の性格を矯正して、世間に出しても恥ずかしくない大人に育てなければとあせって、ガミガミしかりつけていました。

「ちゃんと座りなさい」「いただきますは？」「保育園では先生の言うことを聞きなさい」と、どんなに言っても聞いてくれず、多動性は増すばかり。朝からガミガミと大声を出し続けているので、声がかれハスキーボイスになってしまいました。

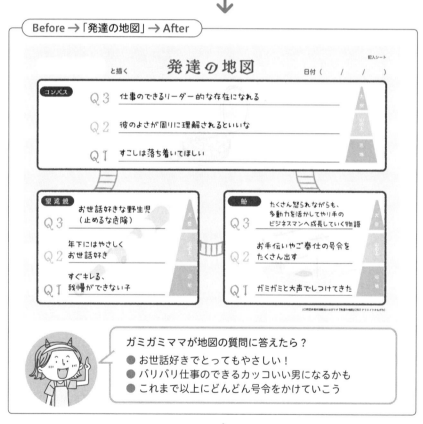

〈After〉 うちの子のエネルギーって、ほんとすごくて、将来、立派な起業家になるんじゃないかと思うんですよね。「新聞を取ってきて！」「ママを手伝って！」「いっぱい動いて保育園の先生やお友達を助けてあげてね」って、ゲキを飛ばすんです。

息子の反応はすごくよくて、ハイッ‼とキラキラと動きます。この多動は資産を生むので、もっと息子のエネルギーが増強するように、今日もガミガミ言いますよ。「あなた、座ってる場合じゃないでしょ！」ってね。

保育園でもガミガミママとキビキビくんでキャラを確立しています。ガミガミしているけど結果が出ているし、なんだか自分の子育てを誇りに思えるようになりました。息子の将来は明るいです。

この事例のポイントは、「落ち着かない」という沼地問題を、「動きを通して人の役に立っていく」という地図に描き換えたことです。

（3）はびりすで働き始めた萌さん

萌さんは1歳のときに脳性まひと診断されました。萌さんは特別支援学校を卒業した2022年春、はびりすの非常勤職員になりました。一般就労です。萌さん自身もそれまで1年ほど、はびりすに通って作業療法や理学療法などの体のケアを続けていました。

採用したのは、重い障がいのある人も社会に出る機会が必要で、萌さんの表情やその場に提供できる明るさなどを、働いて活かしてほしいと考えたからです。お母さんも「萌がたくさんの人に知ってもらえることがすごくうれしいので、いっしょに楽しんでいきたい」と話します。

萌さんの勤務は、月1日から始めました。初出勤した4月の仕事は、障がいのある子どもがいる親たちが集まって、おしゃべりを楽しむ「オープンダイアローグ」でのファシリテーターでした。講師依頼などもあり、現在ははびりすの広報でもあり稼ぎ頭です。てんかんで調子が悪いときはビデオで講師として参加するなど、萌さんのあるがままで大活躍しています。萌さんの活躍はNHKニュースで取り上げられたり、永田町でも有名になり、重度心身障がい児者の社会参加の理想的なモデルケースとして日本中が注目しています。

萌さんとの出会いは、萌さんが高校2年生の時です。頻発するてんかん発作や側わんの進行を心配する中、新型コロナウイルスの流行で行動が制限されたお母さんは、落ち込んでいました。大阪の整形外科病院にも静岡のてんかん治療へも行けず、このまま萌の命が閉じてしまったらという不安に包まれていたからです。

そんな時にはびりすに出会い、「萌さんの目力って、お母さん譲りで魅力的ですよね」と伝えたら、お母さんもすごく喜んで「関わる人を魅了していく」という目標を立て、学校や家庭を巻き込んだ作業療法を展開していきました。介護者と目が合うように車椅子や学校、家庭のポジショ

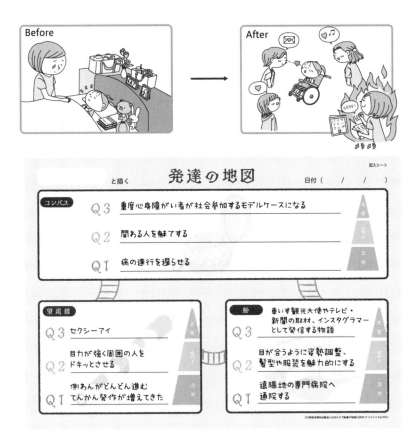

ニング環境を調整していくと、学校の若い先生が萌さんに秘密の恋愛相談をするようになりました。

　さらに「セクシーアイのMOE」とあだ名をつけると、お母さんもどんどん積極的になり、車いす観光大使や新聞の取材、写真展などの社会的な活動を広げていくようになっていきました。てんかん発作や側わんの進行といった沼地問題は、今も解決されたわけではありません。それでも、萌さんの存在や魅力を誰もが評価していて、NPO法人はびりすは萌さん

という人財をリクルートして、職員として迎え入れました。

　萌さんは、高額な講師料を稼ぐという経済的な価値にとどまらず、小学校では子どもたちが萌さんとふれあう体験を通して、多様性や福祉について学んでいます。萌さんとの出会いを通して、「将来は作業療法士になって、飛騨市に帰ってきて働きたい」という夢をもつ子どもの声がきかれるようになりました。

④ 人生をデザインする発達の地図

　私たちは「発達の地図®」という、独自に開発したマイプラン作成ツールを活用しています。療育の場では人生の進みたい方角をセットし、オリジナルキャラクターを設定して、どのようなストーリーで航海していくのかを、ご家族と対話を重ねていきます。時には子どもや関係者を巻き込み、話し合いながら地図を描き、マイプランを作成していきます。

　相談支援や療育、個別支援計画の作成、職場内のOJT、あらゆる場面で地図を開いて話し合うことで、方針を決定したり、計画を作成したり、作戦会議を深めたりしていきます。

■『発達の地図®』

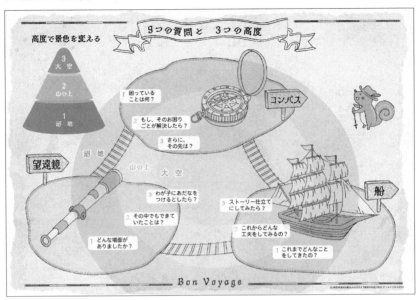

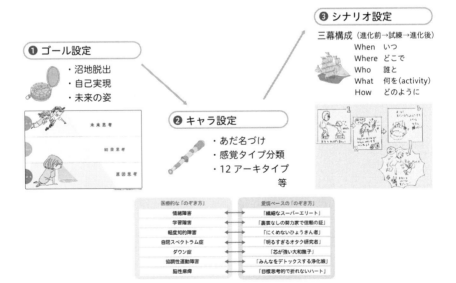

(1) ゴール設定

　ある50代くらいの男性が、四六時中「殺したい」と言い続け、作業所での作業にまったく集中できていませんでした。困った作業所の支援員が、飛騨市役所の作業療法相談に男性と一緒にやってきました。

男性：「殺したい」「あいつだけは許せない」「あいつのせいで人生が詰んでしまった」
山口：「なるほど」「その人がこの世の中から消えてしまったらどうしたいのでしょうか」
男性：「息子に仕送りがしたい」
山口：「仕送りですか。もうちょっと詳しく」
男性：「来年高校を卒業するから、大学に行かせてやりたい」
　　　「母の介護が始まるし、お金が足りるか心配だ」
　　　「前の職場であいつさえいなければ、おれはこんなことにならなかった……」
山口：「殺さなかったっていうのは、これまで父親としての責任を果たされていたということですね。すばらしいお父さんだ」
　すると男性は泣き崩れてしまいました。
山口：「仕送りに介護、これから先の人生で、父親としての役割を果たしていきたいわけですね」
男性：「おれ、今の仕事がんばるよ」

　その後、男性から被害妄想は消え、仕事に精を出し息子さんが無事、専門学校を卒業したと報告に来られました。

■ 四六時中「殺したい」と言い続ける男性

　その方の人生において、答えを出すべき問いの魅力のレベルを「イシュー度」と呼びます。「どうやって仕返しをするのか」という問いと、「どうやって父親の役割を果たしていくのか」という問いとでは、その回答から得られる結果には大きく開きが出てきます。「衝動を抑えるには？」「他害を減らすには？」といった、医療的な文脈で立てる問いの多くは、イシュー度が磨かれていないことが多く、それが沼地問題であった場合は、答えが出ないまま時間が過ぎていくわけです。

　問いに対して出した答えが同じだったとしても、イシュー度が高い問いを立てることで、満足感や幸福感は大きく異なってくるのです。

　3歳児健診の場面を例に取りましょう。ある保健師Aさんは、子どもが健診会場で走り回り、他のお友達のおもちゃを取ったり、脱走しようとしたりする様子を見て、ADHDを疑い小児科の受診を促します。母親からしたら戦力外通告を受けたような気持ちになります。

　一方で、作業療法士Bさんは、走り回る子どもと楽しく遊んだ上で、「このお子さんはエネルギッシュで将来が楽しみ！『みんなと一緒』を覚え

たら鬼に金棒、このキャラを活かしていきたいから、僕が彼を療育にスカウトしたい」と母親に伝えると、「父親や祖父母を説得してきます。療育の利用方法を教えてください」という返答が返ってきます。

　この違いはなんでしょうか。Aさんの問いは「どうやったら発達の遅れを取り戻せるのか？」でした。一方Bさんの問いは「どのような声かけをしたら、親子の等身大の成長物語の扉が開くのか？」という問いでした。AさんとBさんで問いの立て方が違ったのです。

　遅れに焦点を当てた問いから療育が始まると、追いつけ追い越せでがんばっても、なかなか追い越せないという、苦しみの旅が始まります。しかし、等身大の成長物語に焦点を当てた問いであれば、何か少し改善すると、この子なりの進化として、成長の喜びを噛みしめることができます。

イシュー度を磨く練習をしていかなければ、とんでもない場所に子どもと家族をつれていってしまうことになりかねません。問いとは、相談支援や療育においてはゴール設定することを意味します。人生を旅に例えるなら進むべき方向、ゴール設定はコンパスのような役割を果たします。

どのような問いを立てて答えを出し、その答えからどんな成果を手にするのかということは、人生におけるwell-beingの質を大きく左右します。

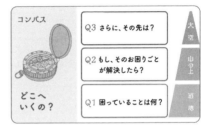

（2）キャラクター設定

飛騨市の療育事業の中で大切にしていることが、子どもたちへのあだ名づけです。幼少期の私のようにADHDという診断名がつくと、どうしても薬物療法で衝動性や多動性をコントロールしようという対処方法に陥ってしまいがちです。多動性や衝動性といった症状も、生活領域においてはADHDや情緒障害という医学的な解釈に偏る必要はありません。狩猟民族やアイデアマンといった、愛情ベースの捉え方をしたほうが、保育士やお母さんは、子どもと生活の中でどう接していけばいいのかというイメージが湧きやすくなります。医療領域は科学的な診断を、生活領域は愛情ベースの捉え方を、それぞれが方針を立て、対等に展開していけばいいのです。

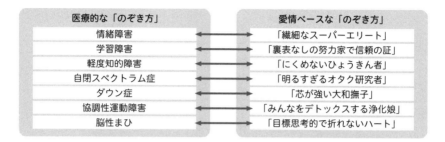

発達系の作業療法士が拠り所としている感覚統合障害も、たとえば感覚調整の問題であれば、繊細で情緒豊かな人たちと捉えることもできるし、行為機能障害（協調運動障害）であれば、どんくさくて一途な人たちと捉えることもできます。子どもたちは、繊細さよりも情緒の豊かさに、どんくささよりも一途さにスポットライトを当てるほうが喜びます。また、繊細だからこそ、どんくさいからこそ、情緒の豊かさや一途さに心がキュンとときめいてしまうわけです。

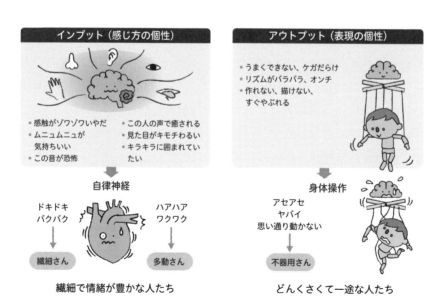

「発達の地図®」では、問題場面に対する解釈、よかった場面への解釈、そして最後は、その人のあるがままの姿に対して、愛情をもってあだ名づけができるようになっていて、子どもと大人がお互いの個性を多面的に捉えられるようにデザインされています。

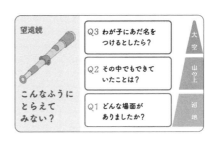

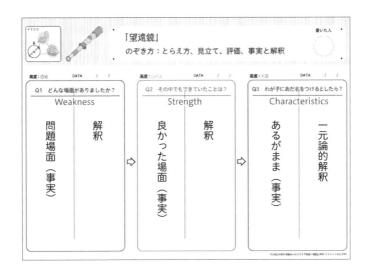

「千と千尋の神隠し」に出てくるオクサレ様を、千は神様として捉え接したので、オクサレ様は福の神として昇天し、油屋（湯屋）に金銀財宝がもたらされたわけです。文化人類学的な視点ですが、八百万の神を信仰する日本文化においては、善悪二元論ではなく一元論的な考えをもともともっています。祟りも福も表裏一体なので、どちらが出るかは、こ

ちらがどちらと向き合うかにかかっていると考えてもいいのではないでしょうか。

■ Gift って何？

アメリカの作業療法士ウィニー・ダンが開発したSensory Profile（感覚プロファイル）という感覚統合系の検査があります。感覚刺激への反応傾向を評価することで、その人の感覚特性、たとえば、どれぐらい繊細かの水準を調べることで、学校における合理的配慮の程度を判断する根拠として使用したりします。

感覚刺激に対して、過敏で受け身な繊細さんであれば、不登校や引きこもりになりやすい反面、耳が繊細であれば調律師、目が繊細であれば職人や陶芸家に向いているかもしれません。

過敏で積極的な神経質さんであれば、将来はネチネチおじさんになりやすい反面、税理や法律といった厳密さを活かした職業が向いているかもしれません。

鈍感で積極的な落ち着きないさんであれば、暴走族のような反社会的行動に陥りやすい反面、やり手の営業マンや起業家に向いているかもしれません。

鈍感で受け身なボンヤリさんの場合、指示待ち人間に陥りやすい反面、福祉職場にいけば傾聴力が重宝されるかもしれません。

　飛騨市においては、この検査を建設的な視点から活用しています。感覚プロファイルを、感覚特性を通して人との相性や職業マッチング等、ライフデザインについて考えていく材料として使用していくのです。都竹市長によると、飛騨市の人事配置でもストレングスファインダーという手法で、職員一人ひとりの強みを見つけ、その人に合った人事配置をして、市役所が活性化しているそうです。飛騨市役所も子育て支援も障がい福祉も、やっていることは同じだと思っています。

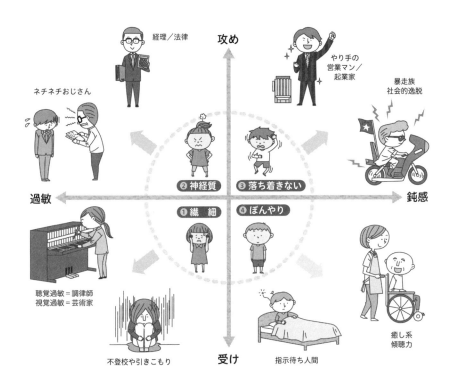

さて、話を山口家で起きていたことに戻します。私はずっと父に対して憎しみのような感情を抱いていました。作業療法士になって人間について詳しくなると、父はアスペルガー気質なのに子どもというカオスな存在と対峙し、必死で子育てしていたお父さんだったのだという捉え方に変わりました。その結果、父に対する憎しみはすべて消え、ただただ感謝の気持ちが無限に湧いてきました。

　トラウマとは何でしょうか。一つの捉え方に捉われてしまうことで、思考が過去の捉え方に縛りつけられた状態となることです。過去の問題を思い返し続けていると、今この瞬間を全身全霊で生きることができません。そうすると未来に対する不安が湧いてきます。今を全身全力、全集中で生きていることを仏教用語で"ざんまい"と言います。ざんまいを英語に訳すと"Occupation"(＝没頭) となります。つまりOccupational Therapy（＝OT）のOccupationです。作業療法と訳さず、ざんまい療法と訳したほうが発展していたかもしれません。

　トラウマとは、捉われです。捉え方一つで、人生を変える可能性が広がります。

■ トラウマ＝捉われ

過去におきた問題を解決しなければ

未来の不安を無くさなければ

今この瞬間を全身全霊で生きることができない

（3）シナリオ設定

　ある保育所に訪問したときのことです。20人ぐらいの年少クラスを若い新人保育士2人で運営していました。作業療法士として、一人の障がいのあるお子さんへのアドバイスにうかがったのですが、先生たちは、「クラス運営が大変で、個別に配慮できる余裕がありません」と言いました。

　どう大変なのかをうかがうと、「うちのクラスは疲れたが口癖、体力がないんです。一斉指示では5分もしないうちに寝そべる、外遊びに連れていくと、風が吹いただけで痛いと言って、戻ってくるんです。市の理学療法士の先生に体幹トレーニングの指導を受けているんですけど、よくなりません」その子どもたちは、ちょうどスマホが普及した第一世代の子どもたちで、多くの保育所でこういう状態は見られました。

　よく見ると新人の先生たちも円背で肩甲骨の位置が高く、口呼吸でなんだか元気がありません。これは、子どもと大人が双方向に影響しあい、現れている状況ではないかと思われました。

　そこで作業療法士が担任役となり、集団保育を行ってみることにしました。まず無印良品で売っている「4コマノート」を使い、絵コンテで保

育シナリオを起こしてみました。子どもたちのやる気のスイッチを入れるために、『おじさんがカゴの中の積み木を転んでぶちまけ、みんなに掃除して助けてもらう』という設定を考えました。

　子どもたちは、ぷんぷん怒りながらも大もりあがりで、雑巾がけで積み木を拾い集めて掃除をしてくれます。カゴにもどした積み木をまた転んでぶちまけると、再び雑巾がけで拾い集めてくれました。積み木から集めにくいボールに変え、拾い集めるルートに障害物や網を張るなど難易度を高めながら、どんどんおもしろくなった子どもたちからは「もう1回転んで」コールが湧き上がり、気がつけば2時間も雑巾がけをしていました。

　その後、先生たちのやらせる保育は、子どもたちを誘惑したり、助けてもらったりする保育に変わり、やる気のスイッチを押すコツをつかん

■ プログラムの前後がとっても大事──おじさんを雑巾で助ける物語

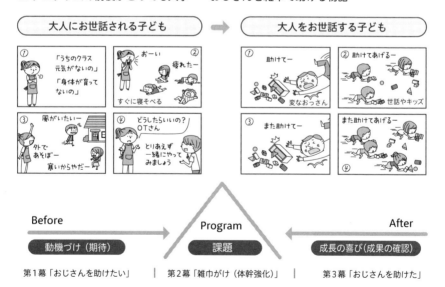

だようで、子どもたちは見違えるように元気でギラギラした野生的な集団に進化していきました。

　子どもたちの脳は物語に反応します。プログラムやスケジュールではなく、まさに神話の世界を生きています。昨今の私たちはプログラムやそのノウハウに意識を向けがちですが、物語において重要なのはシナリオであり、シナリオはプログラムの前後を含めて存在します。そして、そのプロセスにどのようなドラマがあったのかということが物語を構成する大事な要素です。プログラムは結果を意識したものですが、物語はプロセスの豊かさを意識したものであるといえるでしょう。

■ 絵コンテでシナリオづくり

不器用さを克服するのが医学的な思考だとすれば、不器用なままハサミを使うことにはまっていく物語を描くのがストーリー思考です。生活領域においては、このストーリー思考をもつことで、対象者の生活を、今この瞬間から豊かな輝かしい時間に変えていくことが可能となります。

（4）スパイラルアップ

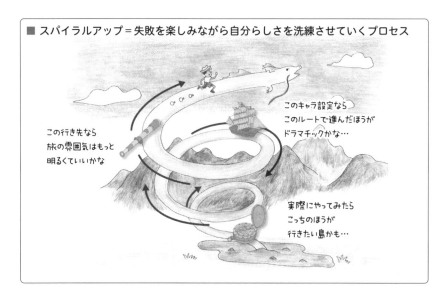

■ スパイラルアップ＝失敗を楽しみながら自分らしさを洗練させていくプロセス

　「発達の地図®」は、「この行き先でいいのかな」「こんな捉え方のほうがいいかな」「こんなストーリーの描き方のほうがいいかな」「でも行ってみたら、ちょっと違ったから描き直してみよう」と、試行錯誤を続けながら人生を探索していくための道具です。この試行錯誤を繰り返していく中で、上昇気流を起こしていくことを「スパイラルアップ」と表現しています。

作戦会議（CO-OPアプローチ）が子どもから大人に仕掛ける道具だとしたら、大人から子どもに仕掛ける道具が「発達の地図®」です。子どもと大人が積極的に仕掛けあうことで、子どもたちと大人たちの能動的なつながりが生まれ、上昇気流が巻き起こります。

■ Well-beingを基盤とした子どもと大人の相互発達のお手伝い

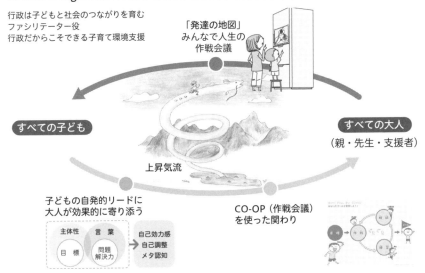

5 飛騨市まるごと作業療法室の実現

（1）飛騨市の障がいの定義

　飛騨市の行政で本格的に仕事をするようになり、最初の重要な仕事のひとつは「飛騨市生涯安心計画」という障がいをもった人や福祉サービスに係る計画の作成に関わったことでした。その最大の意義は、飛騨市のこれまでの障がいの定義を、「心身機能や能力の障がい」という医学的

分類から、生活領域において障がいや疾病の有無や程度に関わらず「自分のやりたいことがやりたいようにできないこと」に書き換えられたことです。飛騨市において「対象者は生きづらさを抱えたすべてのひとである」と高らかに宣言されたことに私たちは感動で震えました。

■ 第2期・第3期　飛騨市「生涯安心計画」

> （2）目標
> 　本計画の目標は、「心の底から安心できるまちを目指して」自分の意志が尊重され、自分の夢が実践できるまちづくりです。
>
> 　飛騨市では、「障がい」を、<u>自分のやりたいことが、やりたいようにできないこと</u>と定義します。
>
> 　強い個性や、生まれつきのハンディを抱えていても、いきいきと生きていけるように取り組みます。
> 　① 能力的な問題の評価のみならず、機能的な強みや能力的な強みを見つけます。
> 　② 自己実現のために目標を設定し、実践を繰り返すよう支援します。
> 　③ 環境や教材等を整えることでバリアを取り除きます。

「やりたいことがやりたいようにできないこと」というのは、作業療法士にとっては作業遂行障害のことを意味します。

　対象が全人的に広がった新しい障がいの定義に基づき、障がいや子ども、生活困窮や保健というセクションの枠を越えた横断的な行政チームがつくられました。それが「地域生活安心支援センターふらっと」です。そして医療や福祉でできないことは行政がカバーする、サービスがなければ新しくつくる、というように多角的に展開してきた結果、「飛騨市全体をまるごと作業療法室にする」ことが形になってきたわけです。ポジティブな視点で市民全体の発達を応援することを目指して、5年間かけてつくり上げた作業療法的なまちづくりのモデル（128ページ参照）の基礎が、ここにあるといえます。

(2) 福祉―教育―行政を縦横無尽に駆けめぐる

　私はいろいろな立場と顔をもっています。飛騨市の障がい福祉、教育、行政の主に3つのセクションにすべて関わり、それぞれ予算の出どころもクライエントも異なります。

　福祉サービスでの顔は、児童発達支援と放課後等デイサービス、保育所等訪問支援事業を展開するHABILIS-HIDAという0～18歳で受給者証が発行された方を対象とした多機能型通所支援施設での顔です。クライエントは契約を交わした保護者です。小中学校に保育所等訪問支援事業で訪問する時は、保護者の主訴に基づき訪問するサービスとなり、純粋な学校作業療法とは言いがたく、デリバリー型の療育サービスに近いと言ってもいいかもしれません。

　学校作業療法室での顔は、教育委員会からの委託事業となり、クライエントは学校で、対象は障がいの有無にかかわらず、先生、生徒、保護者となります。保護者との契約と同意のもとで対象児童に介入する福祉

ふらっとLABO…36ページ（3）飛騨市支援ラボ事業の項参照

飛騨市まるごと作業療法室

すべての人の参加を豊かにする作業療法とは？
時間軸（全ライフステージ）×空間軸（作業遂行場面）！

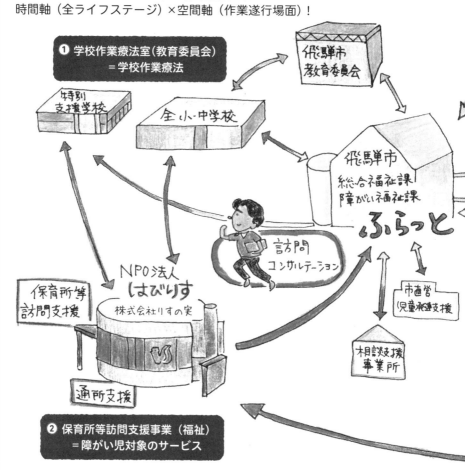

① **学校作業療法室**
- OT 2名／ST 1名
- 市内の全小中学校（対象は全生徒）
- 教育委員会からNPO法人はびりすへ委託

② **多機能型通所支援事業**
- 定員10名（児童発達支援・放課後等デイサービス）
- 保育所等訪問支援事業

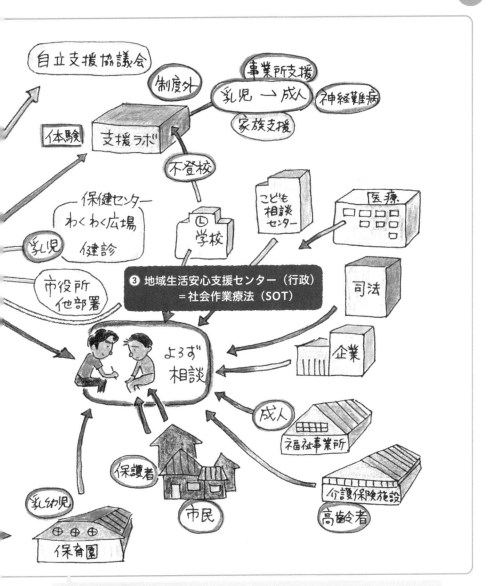

❸ OTよろず相談×OT体験
- OT1名／心理士1名
- 専門相談（心理検査）
- 事業所支援（機関相談）
- 事業所や企業への訪問
- 在宅訪問（仕組みづくり）
- 飛騨市からNPO法人はびりすへ委託

事業とは異なり、学校で授業をしたり、個別のサポートをしたり、環境支援をしたり、家族や生徒、先生と作戦会議をしたりと自由な展開が保障されています。これは純粋な学校作業療法と言えます。

行政からの委託事業での顔は、専門相談員として地域生活安心支援センター「ふらっと」に所属し、保健、福祉、子育て、生活困窮、地域包括、市民団体、企業などあらゆる組織に対して、コンサルテーションや専門相談を行います。行政機関ですので、貧困や虐待といった困難事例を扱うことも多く、クライエントからの依頼を待たずして、積極的にこちらからアウトリーチする、おせっかい型の介入が多くなります。また、相談事例の傾向を分析し、新しくサービスをつくったり、既存の仕組みを改善したりする役目（飛騨市支援ラボ）も担っています。その他、啓蒙活動やこども家庭庁への提案なども積極的に行います。

福祉・教育・行政の3つの作業療法の実践を複合的に実践することで、総合的に飛騨市民のwell-beingの実現のお手伝いが可能となっています。

■ こども家庭庁飛騨視察レポート動画
　自見はなこひまわりチャンネル「こどもまんなか」
　飛騨市の先進的な取り組み（2023年9月5日）

（3）共鳴が起きている〜シンクロニシティ〜

社会作業療法は、日本全体で社会実装すべきフェーズにきています。私たちは飛騨市の実践をモデルとして、作業療法をみんなのものにし、日本全体に普及していきたいと考えています。そのために、本の出版や「ふるさと納税」を使った「飛騨市支援ラボ」プロジェクト、「飛騨市well-beingフォーラム」の毎年開催（QRコードから動画を視聴できます）など「飛

騨市まるごと作業療法室」の実現に向けて、さまざまな取り組みを進めており、こども家庭庁からも視察が入るなど、関係する省庁からも関心をもっていただけるようになってきました。しかし、社会実装のフェーズにきているといっても、実際に広がっていくのはまだまだこれからです。急速な少子高齢化とあわせて経済が縮小していく中で、社会作業療法はローコストで効果的な解決手段として社会から強く必要とされていくでしょう。

　医療・教育・福祉分野に限らず、関係人口創出の「ヒダスケ」、大学の設立、広葉樹林の有効活用など、飛騨市ではあらゆる領域でイノベーションが毎日のように起きています。このまちで暮らしていると、彩り鮮やかなオムニバス映画が、目の前の現実世界で展開されているような錯覚に陥り、あらゆる場面でシンクロニシティを感じます。それぞれの場所で展開されている物語が部分的に交錯し共鳴し、急速に進む人口減少に反して、このまち全体が未来に希望を感じることで、元気になってきているように感じています。この波動は日本全体と共鳴していくにちがいないと期待に胸を膨らませ、今日もこのまちを縦横無尽に駆けめぐります。

■ 毎年開催「飛騨市 Well-being フォーラム」

Part 5 社会作業療法 (Social Occupational Therapy) の視点

▶ 大阪河崎リハビリテーション大学大学院
　教授
大嶋 伸雄
Nobuo Ohshima

❶ 社会作業療法とはどんな意味でしょうか？

(1) 作業療法のお話し

● 一般の人々がリハビリテーションに抱くイメージ

　1960年代、ニューヨークのRUSK研究所というリハビリテーションで有名な病院に、日本からリハビリテーション関係者が集団で訪問しました[1]。米国の理学療法士、作業療法士の専門職制度と、本格的なリハビリテーション医療のシステムを日本へ導入するための視察でした。当時、その研究所には「Physical Medicine（物理医学）」と「Rehabilitation（リハビリテーション）」という2つの概念がありました。

　骨折などによる怪我を治し、元通りに動けるようにするための「リハビリテーション医学」は物理医学といわれるほうであり、一方のリハビ

リテーションは「後療法」と呼ばれていました。後療法とは、医療が終わったあとの療法という意味です。つまり、医療で治すだけ治して、それでも「障がい」が残ったときに、生活へ適応するための療法でした。たとえば、足を事故で失った患者さんに対する義足の処方と訓練などです。

つまり本来のリハビリテーションはイコール「治すこと」ではありません。本当のリハビリテーションとは、たとえ、何らかの障がいがあっても「いろんなことができるようになる」ための手段を身につける学習と適応行動のことなのです。

● **作業療法士ができること（作業療法士のコンピテンシー〔能力〕）**

次ページ図1参照

作業療法には、勤務する場所の特性に応じて専門性があります。たとえば、発達障がい領域、身体障がい領域、精神障がい領域、認知症などの高齢障がい領域、地域作業療法、そして社会作業療法の領域などです。しかし、国家資格の専門職ですから、どの領域においても一貫して作業療法士に求められている能力があります[2]。

それは「心と身体」を同時に診ることができる、つまりどんな対象者（患者、クライエントなど：以下CLと略）であっても、包括的にその方の精神面、身体面、知的・認知面、さらには生活上の価値観や役割などを把握することができます[2]。どんな障がいをもっているのか、いま、何ができて何ができなくて困っているのかを、さまざまな検査・評価・観察・面接インタビューから診ることができます（図1-①）。

次に、すべての課題や問題点が明らかになったとしても、その課題の大部分を実際に解決するのはCL本人なのです。身体領域・作業療法の一

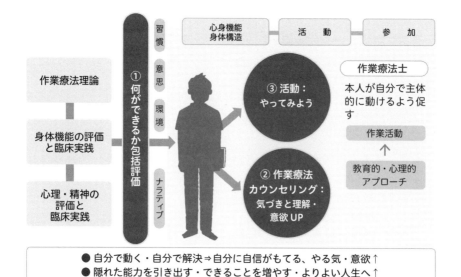

図1　作業療法士のコンピテンシー（能力）

部である、整形外科領域のハンドセラピーやその他の医療的な部分を除くと、リハビリテーション全体のなかで作業療法を行うのはセラピストではなく、CLさん自身なのです。（以下は、図-1の説明になります）

①もちろんCL自身が何をどうすれば生活がよくなるのか？についてのノウハウは、専門職である作業療法士がしっかり把握し、よく理解できていますので何も心配はいりません。しかし、それに関して、作業療法士はできるかぎり指導は行いません。あれこれ指示されると人間は意欲が減退します。CL自身の主体性・意欲・自己効力感などを損なわないように、作業療法士が一緒に伴走する黒子のような立場で、教育的な関わりを保ち続けます。そのためにCLと作業療法士はお互いの信頼関係がとても重要になります。

②その上で、作業療法カウンセリング[3]を通じてCL自身が自分の能力に気づき、いま何ができて何ができないのか、あるいは、本来、自分は何をしたいのか、これからどんな方向に進みたいのか、などに目覚めることが可能となります。CLが自分の現実に気づき、対策を検討して、やればできるという自信をもって次の行動に移ることができる。これこそが作業療法上で最も重要なポイントになります（図1-②）。

※この部分は認知作業療法でのセッション内で行われる作業療法カウンセリング、または、CO-OPアプローチにおける「作戦会議」に相当します。

③そして、最後に①と②を踏まえて実際の活動に入ります（図1-③）。ここでは作業療法士とCLが話し合い、作業療法士が専門性に基づいて、②に関わったことによりCLの能力的なレベルは担保されます。つまり、これは対象となるCLができるレベルの活動である、と作業療法士が判断した結果、失敗リスクは少ない見込みで実践に入れます。少しずつの努力で小さな成功を収めるような作業遂行が繰り返され、連続して行われるでしょう。そうした小さな成功の積み重ねは、CLの「自分はやればできる」という自己効力感を高めて、次のステップへ移行しやすくします。その後の課程はさまざまですが、徐々にできることが増えて生活も変わり、よい活動の循環を創出できるよう作業療法士は常に見守りながらＣＬとの協働作業を継続していきます。

● **作業療法士の技術と専門性**

作業療法士はいったい何ができるのか、といった専門性については、これまでの説明で多少なりともご理解していただけたと思います。そしてその目的は、CLの方の障がいの種類にこだわらず「障がいがあっても自立できるクライエント—Self Help Client（図2）」[3]になってもらうこ

とです。さらに、そのための支援上の目標は「自分の意思で判断し、生活の中で自分の役割と生き甲斐をもつ、自立した生活者」になれるように支援することです。

ただし、ここでいう「自立した生活者」というのは特別な意味があります。まったく他者の手を借りずに、すべての日常生活をこなせることが「自立」ではありません。たとえば、入浴や着替え、食事、洗濯や掃除などで、他者の手伝いを必要としていても社会人として職業や仕事をもつ、あるいは社会的役割や主体的な生活スタイルをもつこと、それこそが「自立」という意味にな

障がいをもったCLさんの心理を安定させながら行動変容を促し、生活環境と役割を維持・改善させる"作業療法士"は生活（活動）と心理の専門職！

図2　自立した生活を目指すクライエント（Self Help Client）をつくる作業療法士

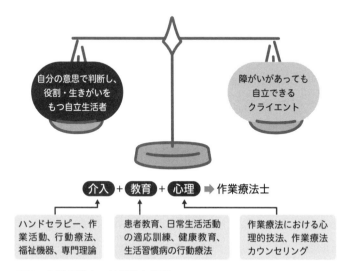

図3　作業療法士の技術的な基盤

ります。つまり、精神的に一人の人間として意思を明確にしながら生活する人こそ、自立した生活者になります。

　以上のようなコンピテンシー（能力）や専門性をもつ作業療法士の技術基盤は、広範な学問とその技術に支えられています（図3）。基本的には「介入」「教育」「心理」のカテゴリーで表現できます。介入とは、一部、医療的なアプローチや作業療法独自の理論による戦略、住環境や福祉機器の紹介など物理的な手段、精神科での行動療法などが含まれます。

　教育では、現実的な対応のための知識、予防を含めた健康教育、内部障がい患者さんや生活習慣病患者さんへの行動変容を促す行動療法や作業活動などが該当します。そして、それらの根幹をなす心理学の知識と技法、作業療法カウンセリングなどの技術が必須となります。

（2）社会作業療法の定義と黎明期にあるわが国の社会作業療法

　2022年8月、フランスのパリで開催された第18回世界作業療法士連盟大会（WFOT Congress）で、この社会作業療法（Social Occupational Therapy）という概念が紹介されました（図4）。ただし、その定義はいまだ構築中のようです。注目すべき点として、仮定義の最初の部分に「社会的支援網の途絶や混乱」とあります。政府や行政からの支援がない状態の社会的集団、つまり「何らかの生活上の困難さ」を抱えている集団に対する作業療法の支援であることに間違いはないでしょう。

　2024年9月に新たに発足する予定の（日本）社会作業療法士協会では、次の文言を「わが国における社会作業療法の定義に関する条文」として織り込まれる予定です。

Social Occupational Therapy の定義

社会学的に、様々な要因による社会的支援網の混乱や途絶の過程を経験している社会的集団に対する支援として定義される、振り返りと介入が必要な領域を意味する。
「私たちは」健康と病気の構造軸の外側で形成されている作業療法の実践を説明できる関連性を模索している。
(Barros, Ghirardi & Lopes, 2002, p.95)

WFOT大会（2022年8月、Paris）

図4 Social Occupational Therapy（社会作業療法）の定義

① 人間には生活上の、あるいは人生をおくる上で、何らかの障がいが必ず存在します
つまり「障がいのない人間は存在しない」ことが社会作業療法の基本理念となります
② 社会作業療法は、人間を障がいの有無ではなく、お互いを個別性でみようとする社会の実現に向けて活動するムーブメントです
③ 社会作業療法ではすべての人間に自助の姿勢を求めます。と同時に、お互い助け合う行動〜ピアサポートを人類の義務として求めます
④ 社会作業療法士は対象者の自助を基本に、各自が自分でWell-beingを獲得するための支援を最大限に行います
⑤ つねに最先端の医学的基盤による人間間の相互理解を追求し、障がい

を意識しない人生、社会における役割と生きがいを追求する姿勢を援助します

⑥ 作業療法士のうち病院・施設以外に勤務し、人々の幸福と社会的権利の行使、そして、上記事項を遵守しながら、社会全体の中で自分の責務を全うしようとする者をとくに社会作業療法士と呼称します

(3) 気づきと自助を育む社会作業療法

すべての人々が自助を基盤としたWell-beingを獲得することを目標とする社会作業療法では、療法としての最終型を「自助による自己への気づき」に重点を置いています。一部、認知行動療法[4]の目的とも合致しますが、自分自身に対する気づきが、自分のさまざまな問題や課題と対峙する姿勢を生み、最終的にはコーピングと呼ばれる「対処行動」を身につけることになるのです。

すなわち、物事への耐久力がつき、対処するレジリエンスをCL自身が

図5 気づけたクライエント（CL）は生活機能の向上・改善が期待できる！

身につけることで、困難な物事に対処する能力を徐々に向上させていく仕組みになります。作業療法の活動との相性もよく、これは社会作業療法独自の仕組みでもあります。

❷ 「ヒトはみな障がいをもっている」という思考から
―現代的ピア共生社会へ―

(1) 思い込みがヒトを支配している

これは教育の問題とも関係しますが、人間社会には競争が付きものであり、競争があるところでは心理的な差別が生まれます。そして差別から混乱や暴力、果ては戦争に至るまで枚挙に暇がありません。人種や宗教の違いによる差別や争いの多くは無知と思い込み、偏見などから始まります。また、それらに歴史的な経緯や事件なども加わり、この世界は混沌とした争いを延々と繰り返しているわけです。

しかし、心理学的にみれば、それらの大部分は人間の「思い込み」「ス

図6 社会作業療法からの提言：「障がい」という概念をなくそう！

キーマ（より強力な固定化した信念）」がつくり出している場合がほとんどです[4,5)]。もちろん、そうしたスキーマは、個人の生い立ちや経験といった生活史のなかで育まれる場合が多く、一朝一夕に変化することはめったにありません。

　ここで障がいという観点からこの思い込みを考えてみましょう。自分は健常児、または健常者だと自認している人に「じつはあなたも障がい者ですよ」などと告げると、おそらく大部分の方は否定、否認します。それは当然の反応です。それではなぜ、彼らは否定したがるのでしょうか。もちろん自分には障がいなどないというイメージしかないこともありますが、障がいを「ある」「なし」というグループ分けをして、「援助される側」「援助する側」といった相対的な二価値概念で捉えていることが根本的な問題なのです。

　図6をご覧ください。ヒトの障がいを「ある・なし」論で括ることは、一種の安心感、あるいは絶望感の選択でしかありません。たとえ、少しばかり自分の障がいを意識していても生活ができるから「なし」と考えて、安心してしまいたいのも人間の心情です。でも、それが延々と続くとどういうことが起こるでしょうか？　おそらく、徐々に自分の現実に目を向けず、自分にとって都合の良い解釈に慣れてしまい、何らかの不都合が自分に起きてしまうと逃避的な思考から他者のせいにしたりして、自分を客観視できない状態に陥るかもしれません。そうして他者へのリスペクト（尊敬）が消えてしまったとき、人間は区別から差別へと思考が変化し、自分（属する集団）とは異なる利害関係の集団だと認識することで対立の芽が生じてしまいます。同じ人間同士から、別の利害が生じる集団、対抗すべき敵の集団へと認識が変わることで、お互いにとって

不幸な負の連鎖が始まります。

　一方で、同じ人間同士でも「自分は自分、他者は他者」異なる考え方や異なる容姿があっても当たり前、という思考が常に存在すれば、個別的な違いをお互いが認めあい、尊敬しあうことで、どちらか不足する部分はお互いに補い合いましょう、という共存的思考になると考えます。つまり、人間は「対立─闘争スキーマ」という旧石器時代からの悪しき慣習を捨てて「共存─相互扶助思考」へと変容する必要があるのです。

（2）自分からWell-Beingな状態になる技術

　Well-beingの概念ですが、厚生労働省「雇用政策研究会報告書」[6]（2019年）によれば、「個人の権利や自己実現が保障され、身体的、精神的、社会的に良好な状態にある概念」とあります。これは、WHOのアルマ・アタ宣言による健康の定義「健康とは身体的・精神的・社会的に完全に良好な状態であり、単に疾病のない状態や虚弱がないことではない」[7]の流れが、現在のWell-beingに強く反映されています。「病気がないことがイコール健康ではない」ということと「人間は役割を持つことで、生きることに生き甲斐を感じる」が含まれていることから、ここでは対象者の社会参加の重要性が強く主張されています。そして、そうした状態が長く続くことがWell-beingなのです。

　一瞬でも幸せを感じる幸福感とは、また少し異なる概念です。従来のハッピーではなく、満足した（生活）状態が長く続くことであり、そのためには、計画的でかつ、試行錯誤の挑戦などが続く場合もあります。

　そして、すでに述べた作業療法の説明でおわかりのように、それを成し遂げるのは周囲の人間ではなく、CL自身なのです。

(3) 社会作業療法からみた社会の仕組み

社会作業療法は「社会作業療法の定義に関する条文（案）」で説明した通り、「障がいのない人間は存在しない」という思考から始まります。その事実の理解と考察により、人はより謙虚となり、真の意味でのピアサポート精神が毎日の生活に根づくことになります。自分だけは「健常者」という認識は、意味のない優越感や差別感などに支配される可能性があります。世間にはさまざまな人が生活しています。時には、自分の倫理観や道徳観から外れた行いや行動をとる人に敵意を抱き、トラブルになったりする可能性もあります。

しかし、基本的な知識として、自分は自分、他者は他者、世の中にはさまざまな考え方や思考に満ちていること、他者に迷惑をかけたり法律

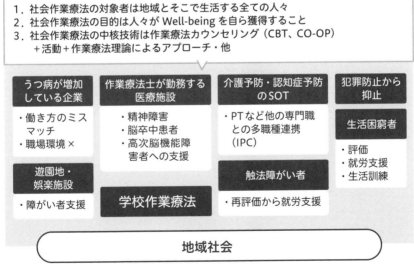

図7 すべての国民が社会作業療法の対象です！

違反などをしている場合でも、そこには何らかの病質的な原因があったり、生活上の環境要因や、積み重なった不幸の結果として、そうした不適切行為がもたらされる場合もあることを認識していれば、人はとるべき態度や対応なども変わってきます。とくに犯罪の場合などは、相手の罪を許すことではなく、その動機や原因をしっかりと把握し、理解することで当事者の再発防止や一般国民が日常的な予防行動をとることもできます。

社会作業療法はそうした意味において、すべての国民が対象となります。しかし、もちろんそれらに関与する作業療法士が偉いわけではありません。Well-being を獲得し、心地よい人生を手に入れるのはあくまでもCL自身なのです。

3 家庭と学校、そして社会へとつながるヒトの人生

(1) 連綿と続く人生の冒険

ヒトは生まれてから徐々に、さまざまな自身の機能(運動・知的／認知的・心理的)を発達させて成長しますが、地球上の生物の中で最も大人になる速度が遅いと言われています。他の野生生物は、外敵から身を守るために早期に歩行〜移動能力を発達させますが、ヒトは脳の発達を最優先し、対応する身体的発達の速度も比較的緩やかです。それだけ親や所属する集団の堅固な守りで、安心して幼少期をおくることができるからです。この事実からも、ヒトは社会的生物であることが理解できます。

図8-1はヒトの誕生からの成長イメージを「四角い面」で表した図です[2]。面の大きさはそれぞれ発達した量を表しています。内容は、作業療法の理論（作業遂行理論）から、日常の生活動作（食事・整容・入浴・トイレなど）、仕事（社会的役割、学生は勉強などがここに位置します）、

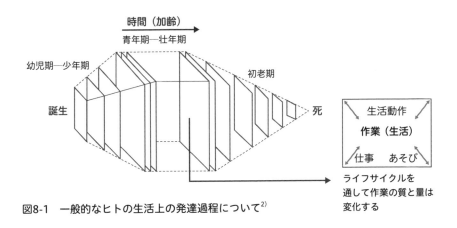

図8-1　一般的なヒトの生活上の発達過程について[2]

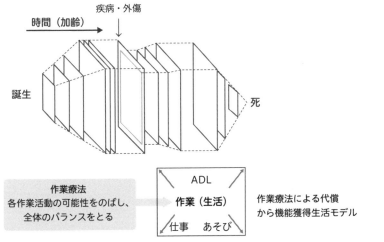

図8-2　発達の中断に作業療法が関わる意味と意義[2]

そして遊び（余暇活動、個人的に実現したいことなど）の合計3つです。

　生まれてすぐの時は、母親の母乳を飲むか、泣くか、うんち・おしっこが（情緒的交流以外の）主な活動です。やがて言語を理解して会話し、歩き回り、小学校〜中学校〜高校、そして大学へと進学し、友人も増えます。就職して、やがて結婚、子どもが生まれます。中高年になると仕事以外、やりたいことを少しずつ実現したりして、人生で最も多くの活動を行うことができるようになります。やがて高齢になると身体機能や視力、聴力などが衰えて、最後は死を迎えます。これが典型的な人間のライフサイクルでした。

　しかし、中には最初から発達上の課題を抱えたり、人生の中途で大きな怪我や障がいを負って車椅子での生活や、医療や福祉の助けがないと生活できなくなる場合もあります。

　人生の発達過程において、何らかの理由で、その発達が阻害されたり中断しそうになったとき、または最初から個人の発達過程が良好でなかったとき、正常な発達過程を得るために、あるいは回復するための手段は2通りあります。一つは医療による医学的な回復です。しかし、それがなかなか困難なことはすでにご承知のことと思います。そして、その時にこそ作業療法が十分に活用されます。たとえ機能回復は得られなくても「できること」は増やせます。そして、作業療法を行うのはCLさん自身です。作業療法士との協働でできることがどんどん増え、やがて通常の発達過程と比較しても遜色のない活動や生活行為を行うことができれば、その方のWell-beingは徐々に向上していきます。

（2）すべての始まりは学校作業療法から

　上記で示したように、作業療法からみたヒトの発達過程において、その後の人生を決定づける一番重要な時期は、幼少期から学童時期であると言われています[8]。その際、やはりヒトの発達にはばらつきがあり、それが原因で、もつ必要のないコンプレックスを持ち続けてしまい、他者とのコミュニケーションに支障が出たり、いじめや差別の原因になったりします。逆に、この時期に自分自身を意識し、主体性や弱者へのいたわりや配慮を身につけることができれば、それは将来的に計り知れない人格形成に役立ちます。

　戦前からの義務教育では、集団の和を乱さないような協調性を重視し、いわゆる空気をよめるような人材を育成することが教育の目的でした。それはとりもなおさず、集団の中に個性が埋没してしまうような教育です。新しいアイデアを思いついても、他者に忖度してすぐに自分自身にブレーキを掛けてしまうような集団主義の思考は、自由に主体性を育むための教育とはまったく真逆な仕組みなのです。一方で、集団型の教育にも長所はあります。自我が上手く育っていない子どもが、自身の勝手な意思の暴走をじょうずに我慢してコントロールし、他者の意見に耳を傾けるようなことができるのは、集団型教育の長所になります。

　以上を総括しますと、本来目指すべき子どもの教育とは「自分は自分、他者は他者」として、自分自身の自由な思考や主体性、自律性を育みつつ、他者との違いを知り、リスペクトも忘れない子どもになってもらうことです。そういった意味で、障がいのあるなしにこだわる教育などに陥らないように、学校に作業療法室が存在することの意味と意義は非常に大きいと考えます。

（3）社会作業療法が支援してくれるわたしたちの人生

　学校から本格的に始まるヒトの人生ですが、そこでは人生のさまざまな場面でより良く生きるための教育的な仕組みが必要です。長い人生においては相談やコンサルテーションも重要ですが、やはり、カウンセリングと実際の活動や行動が密接に合わさった社会作業療法の仕組みが効果的です。実際に動いて活動してみて理解することが多いからです。思考する活動を通して心と身体の相互作用を育むこと、そこが作業療法の強みです。

　社会作業療法は文字通り、社会のあらゆるところで私たちの生活のキーとなる気づきをもたらします。療法と表記しますが、実際は学習〜教育に近い効果を与えてくれるのが社会作業療法の仕組みです。一般企業では、うつへの対処から予防まで、そしてライフシフト、ライフスタイル・リデザインなど、人生100年時代に備えた人生戦略までが、社会作業療法の守備範囲です[9]。

　現在の日本の社会は高齢者や障がいをもった方々がどんどん増えています[10]。さらに軽度の発達障がいをもちながら社会人となり、高度なコミュニケーション能力や業務上の能力を求められて窮している一般の会社員も大勢いると推測されています。そうした方々においては、適応できる業務であれば非常に高い能力を発揮することができるのに、業務内容とのミスマッチで苦しんだあげく、退職を余儀なくされたりする「能力と業務とのミスマッチ」が生じています。そうした企業サイドと労働者、双方の課題を改善することができるのも社会作業療法の特色です。

　自己の能力と業務・課題とのミスマッチで最大の問題は、当事者がその問題の原因をすべて自分自身にあると誤認してしまい、二次障がいとして

表1 作業療法士が活躍する行政の職域

勤務場所	貢献する内容	必要な知識と技術
(保健センター)	社員のうつ予防、労働環境への助言、労働効率評価 等	労働関連法規、マネジメント、活動・運動・医学知識、心理評価とカウンセリング
介護／認知症予防	高齢者の心理と行動への助言、高齢者対応のサービス＋接客術 他	老年医学、老年心理学、認知症予防、心理評価とカウンセリング、活動・運動・医学知識
引きこもり／ニート／低所得者支援	引きこもり者のコンサルテーション⇒就労支援⇒社会復帰まで	マネジメント、心理評価とカウンセリング、活動・運動・医学知識
公安委員会・運転免許センター	高齢ドライバーの（身体性）評価、免許返納カウンセリング	一般教養、道路交通法・刑法一般、心理評価とカウンセリング、活動・運動・医学知識
刑務所／触法障がい者	触法障がい者の社会復帰支援	刑法一般、社会福祉法、障害者福祉法、心理評価とカウンセリング、活動・運動・医学知識、
学校・児童相談所	発達障がい児の支援、家族支援、早期虐待予防	児童福祉法・刑法、社会福祉、心理評価とカウンセリング、活動・運動・医学知識

表2 作業療法士が活躍する一般企業

勤務場所	貢献する内容	必要な知識と技術
一般企業でのコンサルテーション	社員のうつ予防、労働環境への助言、労働効率評価 等	労働関連法規、マネジメント、活動・運動・医学知識、心理評価とカウンセリング
高齢者対応企業でのコンサルテーション	高齢者の心理と行動への助言、高齢者対応のサービス＋接客術 他	老年医学・老年心理学、認知症予防、活動・運動・医学一般、心理評価とカウンセリング
ホテル・旅館・旅行業・テーマパーク	障がい者（児）・高齢者への援助的対応・サービス、施設のバリア・フリー化、リスク管理	リハビリテーションの一般知識、福祉住環境コーディネーターの知識、活動・運動・医学一般
住宅産業／まちづくり支援	住宅・マンション等のバリアフリー化、住宅改修、バリアフリーのまちづくり	リハビリテーションの一般知識、福祉住環境コーディネーターの知識、活動・運動・医学一般
食品業・飲食店	高齢者・障がい者対応の食品製造・販売支援、高齢者・障がい者対応の飲食サービス／バリアフリー	栄養学、食品衛生学、リハビリテーションの知識、福祉住環境コーディネーターの知識、活動・運動・医学一般
人材派遣・就労支援	高齢者・障がい者の一般就労支援、仕事と人とのマッチング・サービス、人材派遣〜生き甲斐支援	職業関連法規、社会福祉法、リハビリテーションの知識、活動・運動・医学一般、心理評価とカウンセリング

のうつ病へ移行してしまう場合も少なくありません。そこに医学を基盤とした公正で客観的な専門的判断が可能な社会作業療法士が介在することは、普通に社会で暮らしたい人々への大きな助けになることでしょう。

(4) 社会作業療法はみんなのもの

　これまで社会作業療法のコンセプトとその存在価値についてお話ししてきましたが、おわかりのように、これらは社会作業療法士が凄いわけでも偉いわけでもありません。すべては作業療法という、一人のヒトを心と身体の両面から捉える仕組みである専門性がもたらす効果といえるでしょう。

　医療の世界でも議論が起こっていますが、医学のめざましい発展は、一方で各診療領域の細分化という一種の弊害ももたらしました。そのた

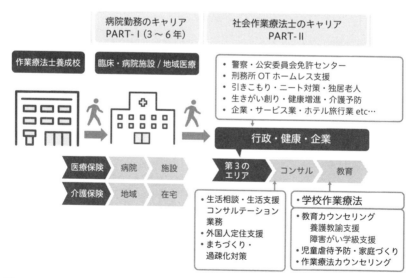

図9　これからの作業療法士⇒社会作業療法士のキャリア

め、大きな総合病院では複数の持病を抱えた高齢者が、各診療科をぐるぐる回るジプシー現象もしょっちゅう見られます。その高度な専門分化に対する対応策として総合診療医というプライマリケアの専門家が生まれています。英国のNHS（ナショナルヘルスサービス）のGP（General Practitioner：総合（一般）診療医）がそれに該当します。

社会作業療法士はいわば、社会のGPなのかもしれません。あるいは、教育が主体ですので、GE（General Educator：総合（一般）教育者）なのかもしれません。

そして、作業療法は誰のものでもありません。作業療法が人間の歴史と生活を基盤とした学問であるかぎり発展し、さらに20世紀に忘れ去られるはずだった戦争や争いを回避するための崇高な理論と理想を掲げているかぎり、私たちの社会を改善する可能性のある、一つの手段として継続的に用いられることを期待します。

〈文献〉

1) Rusk Institute of Rehabilitation Medicine：https://med.nyu.edu/departments-institutes/rusk-rehabilitation/（2024.07.14）
2) 大嶋伸雄編著：身体領域の作業療法―クリニカル作業療法シリーズ―第二版.中央法規出版,東京, 2016.
3) 大嶋伸雄編著：作業療法カウンセリング．三輪書店，東京，2020.
4) 大野　裕：はじめての認知療法．講談社現代新書，東京，2011.
5) 大嶋伸雄：PT・OT・STのための認知行動療法ガイドブック．中央法規出版，東京，2015.
6) 厚生労働省「雇用政策研究会報告書：
https://www.mhlw.go.jp/stf/shingi2/0000204414_00003.html　（2024.06.18）
7) アルマ・アタ宣言：https://japan-who.or.jp/about/who-what/charter-2/alma-ata/（2024.06.18）
8) バーバラ M.ニューマン：生涯発達心理学/エリクソンによる人間の一生とその可能性．川島書店，東京，1988.
9) リンダ・グラットン：LIFE SHIFT（ライフ・シフト）．アマゾンジャパン合同会社，東京，2016.
10) 厚生労働省・高齢の障害者：https://www.mhlw.go.jp/file/05-Shingikai-12201000-Shakaiengokyokushougaihokenfukushibu-Kikakuka/4-1_1.pdf（2024.06.25）

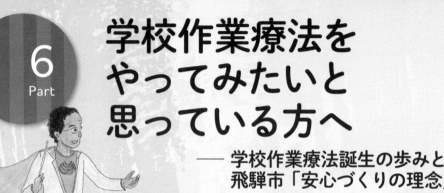

Part 6 学校作業療法をやってみたいと思っている方へ
―― 学校作業療法誕生の歩みと飛騨市「安心づくりの理念」

▶ 飛騨市長
都竹 淳也
Junya Tsuzuku

　作業療法士の山口清明さんと私の関係は、前職の岐阜県庁時代に設置した岐阜大学医学部の障がい児者医療学寄附講座の先生から「とってもすばらしい人たちが関ケ原病院にいるから、いっしょに行ってみないか」と誘われて行ったのがきっかけです。そして市長になったときに、山口さんたちに「飛騨市で何かやりましょうよ」という話をしたんです。

① 本線が滞ればバイパスをつくる

　私が市長になったときには発達支援の体制はまったく整っていませんでした。就任して間もない頃、発達やコミュニケーション、友達との関係など、いろいろなことが難しい子どものお母さんたちが会をつくっていて、私のところへ大挙してやってきました。

「学校の先生を何とかしてください」と言うんです。

理解のないダメな先生もいるし、すごく理解がある先生でも人事異動があるし、学年が変わると先生も変わる。そうすると、また一からやり直しで、子どものことを全部説明しなきゃいけない。「何とかなりませんか」ということでした。

私は、次のような話をしました。

「そりゃ無理です。学校の先生って、今でもとにかく忙しくて授業だけでも手一杯になってるし、そもそも発達支援のプロじゃない。だから、頼んじゃいけない人に頼んでもダメですよ。こういうときはバイパスをつくるんです。道路でも本線が渋滞するときには、別の道をつくるでしょう。それと同じことをやるのが基本。ここはちょっと、考えさせてください。学校ではないところで、学校の支援に入れる仕組みをつくりたいと思います」

それで、地域生活安心支援センター「ふらっと」の前身である発達支援センターの作り直しから始めたんです。私が市長になった時の発達支援センターは、福祉課の課長がセンター長だったんですが、普通の事務職員。係長も事務の職員。相談にのるのは1名の保育士のみ。まずここにしっかりとした人物を配置しないといけないと考え、飛騨子ども相談センターの所長を退職される方を口説いて、センター長に来てもらったんです。

そして、「バイパス」として学校に関わるようにしてもらったのですが、「はい、わかりました。受け入れます」とはなりません。学校教育の場に学校教育以外のものが入ってくるのは、元来「異物」なのです。そこを、

先生を退職したOBに入ってもらって言葉を翻訳してもらうことで、何とか進むようになってきました。

　次に山口さんを迎えました。スタッフの相談にのってもらうところから始まって、児童発達支援に関わってもらうようになり、学校にも行ってもらうようになりました。そこでの山口さんの見立てがすばらしいのです。「なるほど、こういう見方ができるのか」と思いましたし、それによって子どもが変わっていくという話を現場から聞いていました。だから「もっとがっちり入ってもらうといいよね」という流れになるのですが、ここでもそう簡単にはいかなかったんです。
　先生からすれば、作業療法士（OT）という職種にも知識があるわけではないですから、いったい何をするんだという警戒感もあります。すんなり受け入れてくれるわけではなく、紆余曲折がありました。

　そのなかで転機になったことがあります。飛騨市は学校が少ないので私は毎年、全校全教室を回っているんです。そのときに、ある教室で先生が話していたのです。
　「山口さんが来てくれて、とっても助かりました」
　校長先生に聞いても同じでしたから、私は言いました。
　「だったら、山口さんがもっと学校現場に入って、相談にのってもらうようにするといいですよ」
　これを機に「もっとやってもらおう」という流れになっていきます。このとき、山口さんは市の福祉予算で委託している専門家として学校に行きます。要するに、学校には負担が一切かかりません。そして、対応する子どもの数が増えてくると感謝されるわけです。

私は、教師は本来やるべき教育に注力できるようにすべきだと考えています。教師に頼んでいけないことは頼まないというのが大事なんです。私も授業をたくさん見ていますが、そのたびに教師というのはものすごいスキルの持ち主だと感じます。

　たとえば、ここでこの言葉をひと声かけたら子どもが変わるとわかって、それができる教師がたくさんいます。これがプロの技なんですね。その力をこそ発揮してもらわないといけません。

　ですから、OTがその他の負担になっている部分を取り除いていくという考え方で取り組んでいく。そうすると、学校も医療・福祉もWin-Winになって思いが合致します。そうすると「もっと来てもらいたい」という話になってきます。

　そこで満を持して、私は「学校作業療法をやりたい」と教育委員会に提起しました。学校に専門の作業療法士がいて、いつでも子どもたちと関わってサポートするイメージです。飛騨市は教育委員会と市長部局の垣根がほぼありません。教育委員会の政策・施策も、市長部局と同じく、すべて市長協議で徹底して議論してつくり上げていくというスタイルを確立しています。その中で私の意向を教育委員会も受けとめてくれました。そして、回数を増やしていく話につながっていきました。今は予算も教育委員会でつけています。

② 学校作業療法はすべての子どもたちのもの

　こんな形で進んでいる学校作業療法ですが、一番いい点はすべての子どもたちが対象となっていることです。先に記したように、もともとこ

の取り組みは発達支援のために始まりました。発達がゆっくりであったり、他の子どもたちとのコミュニケーションや学校・クラスでの生活がうまくいかなかったりする子どもたちを対象としていたわけですが、今は違います。すべての子どもたちがなりたい自分になるための作戦を立て、楽しみながら参加する。子どもたちの区別はありません。

　今の日本での福祉の仕組みは、「障がい」の認定をして、そこからサービスを始める形になっています。しかし、本来、障がいというのは周りとの関わりで起こるものであって、本人に障がいがあるわけではないんですね。

　たとえば、私は強度の近眼です。メガネをかけないと、足元もおぼつかないので、ちょっとした段差でもつまずいてしまいます。しかし、私はいわゆる「障がい者」ではありません。なぜでしょうか。「メガネ」というものが世の中で普通に使われているからです。これと同じことで、重度の障がいがあっても、世の中のサポート体制ができあがっていれば、障がいにはならないんです。近眼の人がメガネを簡単に入手して、通常の生活が営めると同じような支援体制をつくるのが私の夢でもあります。

　私はこのことを重度の知的障がい者である自分の次男を通じて気づかされました。うちの次男に障がいがあると気がついたのは、2歳の頃です。言葉の遅れなどが顕著で、不安に駆られて医師の診察を受け、知的障がいを伴う自閉症との診断を受けました。

　二十歳を超えた今でも、発語はありませんし、家族の話すこともほぼ理解できません。身辺自立もままならないので、トイレも連れていく必要がありますし、風呂も一緒に入らないといけません。いわば幼児と同じです。ただ、親から見ると1〜2歳の時が続いていると思えば、それ

までなんです。でも、歳相応の立ち居振る舞いというものが「常識」として存在していて、幼児でいることを社会が認めてくれないので、「障がい者」になるんですね。

　また、障がい者というのは特殊な人なのかというとそうではありません。私も次男が生まれてくるまで、いわゆる「健常な」子どもであることを当然の前提としていました。生まれてからでも、障がいがあるとわかるまでは、「健常」であると思っていました。しかし、ある日突然、障がい者、あるいは障がい者の家族になるんです。

　実は我々はみんな同じなんです。突然「弱い立場」になることがあるんです。たとえば、今日の夜、突然脳梗塞を発症して、日常生活がままならなくなるかもしれない。仕事帰りに交通事故にあって、体が不自由になるかもしれない。「健常」で生まれてくると思っていた自分の子どもや孫が出生時に医療的ケアを要する状態になるかもしれない。身体的なことだけでなく、突然の経済変動で真面目に長年続けてきた商売が立ち行かなくなることもあります。仕事を突然失って生活困窮に陥ることもあります。

　こうしたことは、あらゆるところで毎日のように起こっています。私たちは決して対岸にいるわけではなく、同じ地平の上にいるわけです。人のことではなく、明日の自分のことなんです。

　だから、世の中にセーフティネットが張られていなければならないんです。自分が困った立場になった時に、誰かが助けてくれるという地域をつくる。それはすべての人が、しかも自分自身のために必要としていることなんですね。何かあっても、「大丈夫ですよ、心配いりませんよ」と、心底言い切れるような支援の充実した地域をつくりたいと、私は常々思っています。

飛騨市が取り組んでいる地域生活安心支援センター「ふらっと」も、学校作業療法も、対象者を認定・区分してから支援しようということではなく、すべての困りごと、すべての子どもたちを対象にして、そこで起こることをすべて受けととめるという考え方に立っていることに特徴があります。

　それは、「障がい」というような特別な区分をなくすことによって、ありのままの一人ひとりを支援できるようにすると同時に、制度の狭間、サービスの狭間に落ちてしまう人をなくすことを目的にしています。小さい自治体だからできることかもしれませんが、今後もこの考え方を追求していきたいと思っています。

③ 教師の負担減とOT人材の育成がポイント

　こうした飛騨市での特色ある取り組みを他の自治体でもやりたいけれども「どうしたらいいか」という質問をよく受けます。学校作業療法もそうしたお話をたくさんいただいています。しかし、同じことを持ち込んでもうまくはいきません。自治体によって置かれた環境やさまざまな力学が違うからです。

　大事なことは、飛騨市の仕組みを真似するのではなく、根幹となるエッセンス＝本質的な考え方を真似するということです。それは、「作業療法士は学校の困りごと解決に役に立つ」ということを理解するということです。もう一つは、「教師に過度な負担をかけない」という考えをもつことです。これだけです。

飛騨市の取り組みを自分の自治体の市長や担当部局に熱く語って、すすめていただくのはありがたいことですが、大事なことは、「作業療法士はとても役に立つので、いい人を探して、学校や子どもたちの相談にのってもらえるようにできませんか」ということなんです。

　そうすれば、じゃあ志ある作業療法士はどこにいるのか、その人は手伝ってくれるのか、学校にどう理解してもらうのか、どのような仕組みにすればいいのかという議論になります。そこから各自治体独自のモデルが生まれるのです。くどいようですが、飛騨市の取り組みを紹介して同じことをやってもらえばいいということではありません。

　ここで課題なのは、「いい人を探す」というところです。私は「はびりす」という優れた集団と出会っていますが、世の中には同じほど長けた作業療法士が山のようにいるわけではありません。ですから大嶋伸雄先生にも、人材育成の仕組みづくりをする必要があるということをお話ししました。

　私のイメージは、現場で実際に働きながら、臨床で学んでもらうという方法です。医師は医師免許を取った後、2年間の初期臨床研修を受けなければなりません。そのなかに4週間の地域医療研修というのがあって、地域医療をやっている地方の病院で行われます。

　飛騨市民病院はこの研修医を40人以上というすごい数で受け入れています。院長先生たちの実地での教育が充実していて、実際に他の病院ではできないような地域医療の体験ができることで人気になっているのです。しかも、飛騨市民病院は、研修医に外来を担当していただくことで、医師不足を補い、診療が回っているという状態になっています。これを作業療法に応用できるのではないかと考えています。

たとえば、学校作業療法を実地で学びたいという作業療法士を1年間、研修に来てもらう。もちろん、有給です。その間、山口さんたちについて、学校現場で実際に体験しながら学んでもらい、その後は各地で活躍してもらうというわけです。

　この1年間は研修中ではあるけども、飛騨市としては現場の人材を確保できて助かり、その後、世に輩出されれば、世の中が助かります。「このままもっと飛騨市にいたい」という人が出てくれば、それこそ各学校に専任の作業療法士がいるということが実現できるかもしれません。こんなイメージです。まさしく持続可能なモデルになるんじゃないかと妄想しています。

Profile

監　修：塩津　裕康（しおづ　ひろやす）
中部大学生命健康科学部 作業療法学科 講師／作業療法士

編　著：大嶋　伸雄（おおしま　のぶお）
大阪河﨑リハビリテーション大学 大学院リハビリテーション研究科 教授／作業療法士

都竹　淳也（つづく　じゅんや）
飛騨市市長

都竹　信也（つづく　しんや）
飛騨市市民福祉部次長兼総合福祉課長

青木　陽子（あおき　ようこ）
飛騨市市民福祉部総合福祉課
地域生活安心支援センター「ふらっと」センター長

山口　清明（やまぐち　さやか）
NPO法人はびりす代表理事／作業療法士

奥津　光佳（おくつ　みつよし）
NPO法人はびりす／作業療法士

＊本書の作成にあたり、JSPS科研費23K02581（研究代表者：塩津裕康、研究分担者：倉澤茂樹、研究協力者：山口清明・奥津光佳）の助成を受けた。
＊本書タイトルは中日新聞2024年8月18日付「ニュースを問う」の記事を参考
【許諾番号：8720240821-31236】

すべての小中学校に「学校作業療法室」
──飛騨市の挑戦が未来を照らす

2024年10月15日　初版発行

監　　修●塩津裕康
編　　著●大嶋伸雄・都竹淳也・都竹信也・青木陽子・山口清明・奥津光佳
発行者●田島英二
発行所●株式会社 クリエイツかもがわ
　　　　〒601-8382 京都市南区吉祥院石原上川原町21
　　　　電話 075(661)5741　FAX 075(693)6605
　　　　https://www.creates-k.co.jp　　郵便振替 00990-7-150584
デザイン●菅田　亮
印　刷　所●モリモト印刷株式会社
ISBN978-4-86342-377-0 C0036　printed in japan

本書の内容の一部あるいは全部を無断で複写（コピー）・複製することは、特定の場合を除き、
著作者・出版社の権利の侵害になります。

好評既刊本

定価表示

特定非営利活動法人はびりす編著の関連書籍

子どもと作戦会議CO-OPアプローチ™入門
塩津裕康／著　　アドバイザー：特定非営利活動法人はびりす 3刷

作戦マンはここから生まれた！
子どもの「したい！」からはじめよう―CO-OP（コアップ）とは、自分で目標を選び、解決法を発見し、スキル習得を実現する、子どもを中心とした問題解決アプローチ。子どもにとって大切なことを、子どもの世界で実現できるような取り組みで、「できた」をかなえる。　　　　　2420円

こどもと家族が人生を描く発達の地図
山口清明・北島静香・特定非営利活動法人はびりす／著 2刷

理想的な家族像にとらわれた家族の悩みはつきない。多くの発達相談を受けてきた作業療法士がつくりあげた『発達の地図』。3つの道具と9つの質問で自分と対話し、1枚の「地図」を描くだけで、こどもと家族の未来は希望に輝く！【特設サイトで地図のダウンロードができます】
2970円

みんなでつなぐ読み書き支援プログラム
フローチャートで分析、子どもに応じたオーダーメイドの支援
井川典克／監修　高畑脩平、奥津光佳、萩原広道／編著 7刷

くり返し学習、点つなぎ、なぞり書きでいいの？　一人ひとりの支援とは？
読み書きの難しさをアセスメントし、子どもの強みを活かすオーダーメイドのプログラム。教育現場での学習支援を想定、理論を体系化、支援・指導につながる工夫が満載。　　　　　　　　　　　　　　　　　　2420円

いちばんはじまりの本
赤ちゃんをむかえる前から読む発達のレシピ
井川典克／監修　大村祥恵、町村純子、特定非営利活動法人はびりす／編著 2刷

助産師・保健師・作業療法士・理学療法士・言語聴覚士・保育士・医師・市長・市議会議員・家族の立場、みんなで描く"こどもがまんなかの子育て"。胎児期から学童期までのよくある相談を見開きQ&Aで紹介！
2200円

子どもと作業中心の実践OCP 作業療法ガイドブック
シルビア・ロジャー、アン・ケネディ・バー／編　塩津裕康・三浦正樹／監訳・訳

子どもとOCPの教育・実践をサポートする 唯一の作業療法テキスト―最新の作業療法理論と研究に根ざした、エビデンスに基づく作業療法実践をガイド。子どもや家族の人生に貢献したいと願う全ての作業療法士・作業療法を学ぶ人に必読の書！　　4950円

https://www.creates-k.co.jp/

■ 好評既刊本 定価表示

地域作業療法ガイドブック　子ども編
小林隆司／監修　佐々木将芳・糸山智栄・藤﨑咲子・田中雅美／編著

「学童保育×作業療法士」から始まった地域連携のムーブメント！ いまや保育所・幼稚園、特別支援教育だけでなく通常学校、放課後等デイサービス…豊富な実践事例をガイドに、あなたも「地域作業療法×多職種連携」に取り組もう!!　　　　　　　　　　　　　　2640円

子ども理解からはじめる感覚統合遊び
保育者と作業療法士のコラボレーション
加藤寿宏／監修　高畑脩平・萩原広道・田中佳子・大久保めぐみ／編著

保育者と作業療法士がコラボして、保育・教育現場で見られる子どもの気になる行動を、感覚統合のトラブルの視点から10タイプに分類。その行動の理由を理解、支援の方向性を考え、集団遊びや設定を紹介。　　　　　　　　　1980円

乳幼児期の感覚統合遊び
保育士と作業療法士のコラボレーション
加藤寿宏／監修　高畑脩平・田中佳子・大久保めぐみ／編著

「ボール遊び禁止」「木登り禁止」など遊び環境の変化で、年齢別の身体を使った遊びの機会が少なくなったなか、保育士と作業療法士の感覚統合遊びで、子どもたちに育んでほしい力をつける。　　　　　　　　　　　　　　　　　1760円

「学童保育×作業療法」コンサルテーション入門
地域に出よう！ 作業療法士
小林隆司／監修　八重樫貴之・佐藤葉子・糸山智栄／編著

子どもの特性、環境、友だち、支援者の関わりをコンサル20事例で学ぶ。
子ども理解と放課後の生活、作業療法コンサル理論入門と実際。これであなたも地域で活躍できる！　　　　　　　　　　　　　　　　　　　　　　2420円

運動の不器用さがある子どもへのアプローチ
作業療法士が考えるDCD（発達性協調運動症）　　　　　　　東恩納拓也／著

運動の苦手な子どもたちがもっと楽しく生活できるように。運動の不器用さがあることは、障害や問題ではありません。DCD（発達性協調運動症）の基本的な知識から不器用さの捉え方、アプローチの流れとポイント、個別と集団の実践事例。　　2200円

「届けたい教育」をみんなに　続・学校に作業療法を
仲間知穂・こどもセンターゆいまわる／編著

「届けたい教育」に焦点を当てた取り組みで、安心して協働する親と先生、自らの学びに参加する子どもたち。人々の生活を健やかで幸せにする―沖縄発「学校作業療法」が日本の教育を変える！　　　　　　　　　　　　　　3080円

学校に作業療法を
「届けたい教育」でつなぐ学校・家庭・地域
仲間知穂・こども相談支援センターゆいまわる／編著

作業療法士・先生・保護者がチームで「子どもに届けたい教育」を話し合い、協働することで、子どもたちが元気になり、教室、学校が変わる。　　　2420円

https://www.creates-k.co.jp/

複雑な生

複雑な世界を生きることはいかにして可能か？

　ここでいう複雑とは、Complicatedではなく『Complex』です。どちらも複雑という意味をもちますが、Complicatedは機械などの複雑さを表し、これは分解可能であり、どこか故障すれば取替え可能です。一方、Complexは要素分解が不可能であり取替え不可能です。複雑な生に対しては、後者の複雑さ（Complex）を考えなければなりません。一人ひとりの存在や人生は世界で唯一無二であり、それらは取替えられるものではありません…。

　私は『子どもと作業中心の実践OCP』（クリエイツかもがわ、2023）の監訳者あとがきにおいて、『複雑さを了承する』ことから始めようと提案しました。本書は複雑さを了承した後のステップを示したものです。それは『関係のあり方を変える』ことです。このあとがきを読んだ後に、もう一度各章をこの『関係のあり方を変える』という視点で読んでみてください。

　Part1では行政・教育・医療・福祉の関係、また人々の健康やWell-beingにおけるバイオ（身体面）・サイコ（心理・精神面）・ソーシャル（社会面）の関係についても取り上げられました。Part2では教育・福祉の関係、Part3では学校作業療法室で巻き起こるさまざまな次元の関係のあり方を変える方法、Part4では時間（ライフステージ）と空間（作業が行われる場面）の軸を縦横無尽に駆け巡る、飛騨市まるごと作業療法室でありとあらゆる関係のあり方を変えていっているさまを感じ取れるはずです。さらに、Part5では作業

療法士の存在自体が社会の中で、さまざまな関係を変える存在になる可能性が示され、Part6では都竹淳也市長とはびりすの関係の変遷・歩みが、今日の学校作業療法および飛騨市「安心づくりの理念」に至っていることが記されています。

　作業（Occupation）というのは『関係の坩堝(るつぼ)』です。さまざまな人・環境がダイナミックに混ざり合い溶け合ったものです。作業が関係の坩堝だとすれば、実際に作業を行うこと（作業遂行）によって関係のあり方を変えることができ、学校に学校作業療法室があればそれを媒介してくれます。

　人は関係によって幸福になり、関係によって苦しむ…関係という複雑な世界を生きています。しかし、学校作業療法室がハブとなり、さらには「まちまるごと作業療法室」になることで関係のあり方が変わる。そして、自由の相互承認のもと、飛騨市生涯安心計画にある全住民のやりたいことがやりたいようにできることの実現に向かっている。さらなる願いは、この飛騨市の取り組みが他の自治体へと広がることです。本書を通して新たな関係が生まれることを願って。

中部大学 生命健康科学部作業療法学科
塩津 裕康